歴史文化ライブラリー
498

石に刻まれた江戸時代

無縁・遊女・北前船

関根達人

吉川弘文館

目次

石に刻まれた飢饉の記憶

石に刻まれた地震・津波・噴火・水害の記憶

「紙に書かれなかった歴史」を読み解く——プロローグ

1　「紙に書かれなかった歴史」を読み解く

紙に書かれた歴史

先史時代のような非文字社会は別として、文字を使用する社会を研究するうえで、文字資料は大変役に立つ。とりわけ和紙に墨で文字を記した古文書（史料）は日本史研究には不可欠である。古文書は、多様な歴史資料のなかで最も情報量に富み、「雄弁」である。古文書は兼好法師《けんこうほうし》の心の声から、赤穂浪士《あこうろうし》が吉《き》良《ら》邸に討ち入った元禄一五年（一七〇二）旧暦一二月一四日の江戸の町の天気まで、古文書ならではの実にさまざまな情報を微に入り細に入り伝えてくれる。しかし一方で問題がないわけではない。

第一に内容の真実性に関する問題である。当たり前のことだが、古文書に書かれていることが全て本当とは限らない。意図的に真実と異なることを書いた場合もあるだろうし、書き手に真実を曲げる気はなくとも不確かな情報や思い込みに基づいていれば、結果として事実とは異なることが文書に残ることになる。したがって古文書を調べる研究者は、ある一つの文書に書かれていることを鵜呑みにはせず、複数の古文書を比較するなどして必ず史料批判を行うのである。また、文書は一度書いた内容を後から書き改めることも少なくない。それが訂正なのか改竄なのか、他の資史料を駆使して慎重に吟味する必要がある。

第二に古文書の遺存に関する問題である。これには人為的な側面と古文書の材質に由来するある意味やむを得ない側面がある。人為的な側面とは、「歴史は勝者が作る」といわれるように、今日遺っている古文書の多くは歴史の勝者によって書かれたもので、概して敗者の史料は残りにくいということを指す。日本の古文書には世界一丈夫な紙といわれる和紙が使われている。加えて墨の顔料であるカーボンブラックを構成する炭素原子の結合は非常に強力であるため、墨が紫外線によって破壊（褪色）されることはほとんどない。それでも紙に書かれた記録の宿命として火や水にはひとたまりもない。どれほど多くの文書が自然災害や戦乱で失われてきたことか。古文書から歴史を考えるとき、私たちはその古文書がなぜ失われずに今日まで残されてきたのかを同時に考える必要がある。

年金記録のずさんな管理や薬害患者リストの放置などが社会的な問題となり、「公文書等の管理に関する法律」（二〇〇九年成立、二〇一一年施行）ができたことでようやく、わが国でも国等の公的機関における公文書の作成・保存に関するルールが定められた。たしかに公文書を健全な民主主義の根幹を支える国民共有の知的資源と位置づけた公文書管理法の制定は画期的な出来事である。この法律のおかげで未来の歴史研究者たちは多くの恩恵を被ることができるであろう。しかし二〇一七年に発覚した「森友学園・加計学園問題」が示す通り、歴史公文書の定義や行政公文書と個人メモの線引きの仕方次第で保存の対象となる公文書が変わってくる。長期保存の対象に選ばれた公文書のみでどの程度歴史の真実が見えるのか、非常に疑問である。つまり、過去も現在も未来も、紙に書かれた歴史は、文書以外の歴史資料により検証・補強されねばならないのである。

石に刻まれた歴史

歴史資料は大きく文字資料と非文字資料に大別できる。後者は、民具・工芸品、絵画・写真、考古資料などのモノ資料（有形）と、行為や口頭により人から人へ引き継がれる伝承（無形）に分かれる。無文字社会はもちろんのこと、文字が使用される社会に関する歴史研究においても非文字資料の重要性は広く認知されるようになった。

一方、これまで文字資料による歴史研究は、古代史研究における木簡《もっかん》などの出土文字資料を除けば、今なお全体として極端に古文書に偏っている感は否めない。作られた数はひとまず置くとして、残っている数からいえば、古文書に匹敵する文字資料に石造物がある。

身近さの点でいえば、博物館や旧家の蔵に大切に仕舞われている古文書よりも、屋外に「無防備」な状態で置かれている石造物の方が断然上であろう。

もちろんこれまでにも古代の石碑や板碑《いたび》をはじめとする中世の石造物は、数少ない古代・中世の文書を補完する歴史資料として注目され、各地で調査・研究が進められてきた。江戸時代には大名から庶民に至るまで多様な階層の人々が、石に自らの想いや願いを刻むことが流行し、墓石から狛犬《こまいぬ》までさまざまな石造物が作られた。中世以前と比較にならないほど膨大で多種多様な石造物が作られた江戸時代は、まさに石造物文化が花開いた時代といっても過言ではない。江戸時代に開花した石造物文化は明治以降も今日に到るまで引き継がれており、江戸と現代を繋ぐ歴史の経糸の一つになっている。石造物は「石に刻まれた歴史」であり、古文書や浮世絵のような「紙に書かれた歴史」、遺跡や遺物といった「大地に埋もれた歴史」、歌舞伎や落語のような「人から人へと伝えられる歴史」とともに、江戸時代を知る上で重要な歴史資料に他ならない。ところがこれまで近世史研究で石造物が注目されることはほとんどなかったといってよい。理由はいくつか考えられる。

一つ目の理由は、石造物の情報量が古文書に比べて圧倒的に少ないことであろう。和紙に墨で文字を書くのと違って、堅い石に文字を刻むのは容易ではない。したがって古文書に比べ石造物に記された文字数は格段に少なく、その分、情報量に乏しい。

二つ目の理由は、研究史や研究環境にある。我が国の石造物研究は仏教美術史の分野からスタートしたため、時代が新しく美術的評価の低い近世石造物の調査は、これまでどうしても後回しになってきた。また古文書に関しては大学から市民サークルまで学びの場が用意され、くずし字辞典をはじめとする書籍も数多く出版されているのに対して、一般に石造物を学ぶ機会はほとんどない。石造物について書かれた本や雑誌もあるが、その多くは「石仏」を対象としており、「石仏」以外の多種多様な石造物は蚊帳《かや》の外に置かれてきた。

三つ目の理由は、資料のあり方にある。古文書は博物館にせよ旧家にせよある程度まとまった数が集まっていることが多いため、一ヶ所調査すればそれなりの成果が得られやすい。一方で石造物は墓石を除けば、一ヶ所に同じ種類のものが集まっていることはほとんどない。仮に狛犬を調べようと思えば、いろいろな神社を巡る必要がある。石造物の調査は古文書に比べ「労多くして益少なし」とみなされる傾向にあったのではなかろうか。

同じ文字資料とはいえ、古文書と石造物はその内容が大きく異なる。当たり前だが、文字を記す際、紙と石とは明確に使い分けられている。つまり「紙に書かれた歴史」と「石に刻まれた歴史」は出発点からして性質が異なる。石造物には慎重に選ばれた一文字一文字に重要なメッセージが込められている。また、文書の多くが個人または特定の人を対象として書かれているのに対して、野外に置かれた石造物は基本的には不特定多数の人の目に触れることを前提としている。そして何よりも紙ではなく石が選ばれた点にこそ、古文書と石造物の違いが明確に表れている。すなわち古文書が風雨・虫害・火災などで簡単に失われてしまうのに対して、石造物は野外にあっても数多の天災・人災を乗り越え後世に残ることを期待されていた。つまり、より多くの人に、長期にわたって伝えたいメッセージがある時、人々は紙ではなく石に文字を記してきたのである。

石造物の調査と研究

石造物は特別に学ぶ機会がないかわりに、調査に特殊な機器や能力も必要とされないため、近世・近代に建てられたものを含め、墓石を除けば網羅的な調査を実施している自治体も少なくない。そうした調査成果は、教育委員会や博物館から文化財調査報告書として刊行されており、図書館で簡単に閲覧できるが、よほど歴史に関心のある人でもない限り、目にする機会はそうないだろう。地道に行われてきた石造物の調査・研究成果もそれが歴史学に昇華し、さらに一般書などを通して広く伝わらなければ、古文書の厚い壁に風穴を開けることはできない。

前述の通り、日本の石造物研究は仏教美術史からスタートしており、本格的には川勝政太郎博士が開拓した「石造美術」に始まる（川勝政太郎『石造美術』一條書房、一九三九年）。川勝氏は石造美術の研究で紫綬褒章を受けるなど大きな足跡を残した。しかしその業績が偉大であったがゆえに、結果的にその後の石造物研究の方向性を「石造美術」の分野に狭めてしまったように思われる。いまだに石造物＝仏教美術の一分野の考えが根強い。日本最大の石造文化財に関する全国的組織の名称からして「日本石仏協会」である。だが石仏は多種多様な近世石造物の一部でしかない。

また民俗学者による石造物研究は、風俗・慣習・信仰の解明には一定の役割を果たしたが、総じて歴史学の視点に乏しい。江戸時代に作られた石造物は最も身近な近世資料でありながら、これまで歴史資料として正当に評価されてこなかったように思う。

本書の目的と内容

石造物から近世史を語りたいとの思いから、筆者は二〇一八年に同じく「歴史文化ライブラリー」として『墓石が語る江戸時代』を上梓した。この本は、多種多様な近世石造物のなかでも最も数が多い墓石を取り上げ、墓石を通して見える等身大の江戸時代像を論じた。筆者が墓石にたどり着く前に調べていたのが本書で取り上げた飢饉供養塔であった。

一九九五年の阪神・淡路大震災以降、歴史学の分野では災害史研究が盛んである。二〇一一年の東日本大震災では津波により多くの犠牲者が出たこともあり、歴史学でも津波碑などの災害碑に関心が寄せられている。グローバル化が進んだ今日、飢饉による大量死の危険性は幾分薄らいだ感がある。しかし前近代社会において一度に最も多くの人命を奪ったのは、地震や噴火といった自然災害でも、ペストやコレラのような伝染病でも、戦乱のいずれでもなく、飢饉であった。飢饉供養塔も津波碑も、先人が体験した危機に関する貴重な「記憶遺産」であることに変わりはなく、私たちが学ぶべき多くのことがそこにある。

『石に刻まれた江戸時代』と題した本書は、墓石以外の石造物を取り上げた。はじめに近世石造物の多様性を紹介し、次いで飢饉、災害、事故・疫病などの犠牲者や、遊女・刑死者といった前著から漏れた墓石を残せなかった人々に光を当てた。最後に、日本海沿岸の湊町や住吉大社《すみよしたいしゃ》・金刀比羅宮《ことひらぐう》などの神社に奉納された石造物を取り上げ、人や物の動きを描くとともに、石造物を製作した石工の姿を追った。

石造物建立の主たる動機は、供養・成仏（祈り）と現世利益（願い）に発しており、石造物には人々の「祈りと願いのメッセージ」が込められている。本書を通して江戸時代の人々が石造物に込めた祈りと願いのメッセージが読者に届くとともに、多くの方が身近にある近世石造物の歴史的価値を認識して下さることを願うものである。

身近な石造物

石は頑丈な「記録媒体」

石の記憶

手元に一冊の本がある。書名は『石の記憶　ヒロシマ・ナガサキ』（田賀井篤平二〇〇七、智書房）。この本には地質学・鉱床学が専門で、日本学士院賞を受賞された渡邊武男氏が収集した広島・長崎の被爆岩石標本とその調査記録類が収められている。渡邊氏のコレクションを収蔵する東京大学総合研究博物館で開催された展示会は大きな反響を呼び、日本ディスプレイデザイン賞二〇〇四ディスプレイ大賞をはじめ数々の賞に輝いた。

あの原爆の惨禍ですら、悲しいことに時がたつにつれ、我々人間の記憶は薄れていくが、石に残された原爆の記憶は、あたかもアンモナイトの化石のように、この先たとえ人類が地球上から消え去ろうとも残り続けるであろう。偶然この展示会を見た私は、物言わぬ被爆岩石に「頼もしさ」を感じるとともに、これらの資料に学術的価値を見出し収集に努めた渡邊氏の研究姿勢に、深い共感と敬意を覚えた。化石や被爆岩石には、気の遠くなるような歳月や戦乱を乗り越え、後世に情報を伝える石の持つ物質的特性がよく表れている。

人類が初めて手にした道具がどんなものであったのかを特定することは困難であり、誰がいつ、どこで道具作りを始めたのかについても現在も論争が続いている。しかし今日残されている最古の道具が石器であることは疑う余地がない。それは人類が道具に用いたであろうさまざまな天然素材のなかで、石が最も長期の保存に適しているからに他ならない。もちろん旧石器人だって石器だけを使っていたわけでないだろう。事実、石材に恵まれない代わりに、琉球石灰岩に守られ骨や角・貝殻などの遺物の保存に適した沖縄では、約二万年前の人骨とともに釣り針を含む貝器が発見されている（沖縄県立博物館・美術館『沖縄県南城市サキタリ洞遺跡発掘調査報告書Ⅰ』、二〇一八年）。それでも、保存環境の特段よくない状況で何万年も前の記憶を内に留めてきた石器は、旧石器時代人よりもむしろ旧石器時代を専門とする考古学者にとって「最強の道具」といえる。

石の記録

記号や文字の発明は情報伝達に革命をもたらした。文字や記号の発明以前には、絵で表現しきれない複雑な情報は主として声などの音や身振りで人から人へと伝えられていた。この方法だと、情報は広がりを欠く上、伝言ゲームのように、仲介する人の数が増えれば増えるほど正確性が損なわれる恐れがある。記号化・文字化された情報は、記録媒体さえ損なわなければ、発信時の内容を正しく保持した状態で、広域かつ長期に伝わる。メソポタミア文明の粘土板に記された楔形《くさびがた》文字や、古代中国・殷《いん》に見られる亀の甲羅や獣の肩甲骨に刻まれた甲骨文字からは、何千年も前に発信された情報が読み取れる。

文字の発明以降、人類は木・竹・皮・布・焼き物・金属などさまざまなものに文字を記録する一方、文字や絵画・記号などを記録する媒体を開発してきた。なかでも紀元前一世紀頃に中国で発明された紙は、他の素材に比べ軽く丈夫で、大きさや厚さの調整がきく上、墨やインクとの相性もよいことから、極めて優れた記録媒体として、情報の電子化が進んだ今日もなお、実にさまざまな場面で幅広く用いられている。情報の電子化に伴い、磁気テープに始まり、ハードディスクドライブ（ＨＤＤ）やフロッピーディスク（ＦＤ）などの磁気ディスク、コンパクトディスク（ＣＤ）・デジタルバーサタイルディスク（ＤＶＤ）・ブルーレイディスク（ＢＤ）などの光ディスク、メモリーカードやＵＳＢメモリなどのフラッシュメモリといった記録媒体が次々に開発されてきた。いずれの記録媒体も記録方式や使われている素材に由来する弱点があり、データの保存期間は無限ではない。また記録媒体を読み書きするためのドライブにも寿命がある。さらに新たな記録方式の開発により、古い記録媒体に書き込まれたデータを再生するための装置が手に入らなくなるといった問題も指摘されている。実際、ＳＰレコードはあるのに再生する蓄音機が手に入らない、ＬＰレコードはあるのにプレーヤーがない、スライド写真はあるのに映写機を処分してしまった、フロッピーディスクはあるのにパソコンに再生ドライブが見当たらない等々、私たちの身の回りではさまざまな問題が起きている。電子媒体の寿命は想像以上に短いとか、長持ちさせたいならデジタルではなくアナログの中性紙が一番信頼できるといった話はよく耳にする。最先端の科学技術を駆使してアメリカ航空宇宙局が一九七七年に打ち上げたボイジャー探査機に、地球外知的生命体や未来の人類が見つけて解読してくれることを期待して搭載されたメッセージの記録媒体が「ゴールデンレコード」と呼ばれる金メッキされた銅板であったのは有名な話である。いつ解読する機会が訪れるかもわからない情報の記録方式としてＮＡＳＡが選んだのは、経験値の少ない電磁気的記録ではなく、人類史で耐久性が検証済みのアナログ的記録だったのである。

そして地球上ほぼ全てのところに存在する身近な物質のなかで、最も長期保存に適しているのが石である。石は紙や木に比べ火・水・虫害に強く、大概の金属のように錆びて朽ちる心配も少ない。石は頑丈な「記録媒体」であり屋外でも十分な耐久性がある。そうした特性を利用して人類は古くから情報を刻んだ石を屋外に建ててきた。それらの多くは屋外にあって不特定多数の目に触れることを前提としている。洋の東西を問わず、人々はより長く、より多くの人の目に触れさせるため、硬い石に情報を刻んできたのである。

石碑の登場

中国では銘文を有する立石を形状によって「碑」と「碣」に分け、両者を合わせて碑碣《ひけつ》と呼んできた。本書では形状に関係なく、石垣や礎石《そせき》などの建築資材を除く屋外に据えられた何らかの加工がみられる石を石造物と呼ぶ。銘文のない石製の狛犬《こまいぬ》も銘文が記された自然石も石造物に含まれる。石造物のなかで銘文を記すことに主眼を置くものを、形状にかかわらず石碑と呼ぶ。したがって、鳥居や石橋は石造物ではあるが、銘文の有無にかかわらず石碑とは呼ばない。

最古の石碑は、中国では戦国時代中山王国で紀元前三二〇年代頃に、園地《えんち》・陵墓《りようぼ》などの管理者名を示すために境界碑として建てられた「守丘刻石《しゆきゆうこくせき》」、朝鮮では後漢光和元年（一七八）に建てられた「楽浪秥蟬碑《らくろうねんていひ》」とされる。日本では、七世紀中頃から後半に現在の京都府宇治《うじ》市を流れる宇治川にかかる橋について記した「宇治橋断碑《だんぴ》」（重要文化財）が現存する最古の石碑である。これまで国内では九世紀以前の石碑は、北は宮城県から南は熊本県まで、二三基確認されており、そのうち一六基が現存する（国立歴史民俗博物館『企画展示古代の碑―石に刻まれたメッセージ―』、一九九七年）。古代の石碑は、「宇治橋断碑」のように施設の造営や修復の記念碑が最も多く、「那須国造碑《なすこくぞうひ》」（栃木県大田原市・国宝）をはじめ特定の人物の墓碑・供養碑・顕彰碑に分類されるものが次に多い。これら古代の石碑から我が国の石造物文化が始まった。

上野国多胡《たご》郡の設置について記した「多胡碑」（群馬県高崎市・特別史跡）や多賀城《たがじょう》の創建や改修を記録した「多賀城碑」（宮城県多賀城市・重要文化財）には、律令政府による地域支配のシンボル的意味合いが感じられる。なお、これら古代の石碑のうち、群馬県高崎市内にある「山ノ上碑」「多胡碑」「金井沢碑」の三碑（「上野《こうずけ》三碑」）は、世界的に重要な歴史的記録物として、二〇一七年、ユネスコの「世界の記憶」遺産に登録されている。

多様な江戸時代の石造物

迷子しるべ石・なかたち石

東京駅日本橋口に近い、江戸城の外堀と日本橋川の分岐点に架かる一石《いっこく》橋《ばし》の傍らに、人の背丈を上回る高さ一七六センチメートルほどの一風変わった石の標柱が立っている（図1）。よく見ると正面には「満《ま》よひ子の志《し》るべ」と達筆な文字が刻まれている。左右に庇《ひさし》付きの四角い窪みがあり、その下には、向かって左手に「たづぬる方」、同じく右手に「志らす類方」と彫られている。背面には「安政四丁巳年二月　御願済建之　西河岸町」とあり、建てられた年と造立者が判明する。

この「一石橋迷子しらせ石標」（東京都指定有形文化財）が建てられた当時、一石橋のある西河岸町から北側の日本橋周辺は盛り場で迷子が多かった。迷子の保護責任は町が負わされていたため、西河岸町では安政四年（一八五七）二月に迷子探しの告知石の建立を町奉行所に願い出て、この「迷い子の標」が建てられた。迷子や行方不明者を探す人が、向かって左手「尋ねる方」側の窪みに貼り紙をし、それを見た人は心当たりがある場合、右手「知らす類方」側の窪みに貼り紙をするというたいへん便利なシステムであった。

図1　江戸一石橋の迷子しるべ石

同様の石標は、江戸では湯島天神の境内の「奇縁《きえん》氷人石《ひょうじんせき》」（嘉永三年〈一八五〇〉建立）や浅草寺の境内の「迷子しるべ石」（安政七年〈一八六〇〉建立・昭和三二年〈一九五七〉再建）が知られる。こうした迷子や尋ね人を探すために江戸時代に建てられた石造物は、他に大坂・京都・名古屋・堺・金沢で合計一二基確認されており、記録上は文政四年（一八二一）に大坂の寺社三ヶ所に建てられた「仲人石」（現存せず）、現存するものでは文政五年銘の京都北野天満宮境内の「奇縁氷人石」が最も古いという（齊藤純「迷子しるべ石について」『風俗』二六―一、日本風俗史学会、一九八七年）。「（月下）氷人」とは中国・

図2　山形城下のなかたち石

晋《しん》代の故事に由来する言葉で、仲人を意味する。迷子しるべ石は、迷子以外にも結婚相手探しや乳母の求人にも利用され、なかには和算《わさん》の問題を書いた紙を貼り、答えを求めた例もあったという。

　山形市七日町の明善寺《みょうぜんじ》前の歩道に立つ山形市指定有形文化財の「なかたち石」（仲立ち石）はまさにさまざまな人と人とを仲立ちする役目を果たしていた（図2）。この石碑は元々、近くの真言宗智山《ちざん》派大日山正福院新山寺《しんざんじ》大日堂の敷地内にある井戸の前に立っていた。市内を流れる馬見ヶ崎《まみがさき》川で採れる「油石《あぶらいし》」（灰色安山岩《あんざんがん》）で作られており、高さ一五七センチメートル、幅・奥行とも三四センチメートルの角柱形で、本来は上に笠石が載っていたようだ。正面に「なかたち石」、向かって右側面に「をしへる方」（教える方）、左側面に「たつぬる方」（尋ねる方）とあり、背面には次のような文言が彫られている。

　夫《それ》物を得ると喪《うしな》ふとは憂歓に関係し然《しか》も人力の及ぶ処に非すといへども

凡《およそ》迷子狂人或は乳母をたづね或は雑佩書券《ざつぱいしょけん》を遺《のこ》せし類喪ふて索捜処なく得て返与ふる人なきもの共に人情の息んせざる所にして誰か憂歎かざらんや仍《よっ》て碑を建て尋教るに便ならしむるもの往々国々に見ゆ今茲《ここ》に是を計て郷里の為にせんとす　文久元年辛酉五月　新山寺現住是光誌

施主　妹尾嘉兵衛

「なかたち石」は、文久元年（一八六一）、山形城下横町の商人で、町役人も務めた妹尾嘉兵衛によって、人々の利便性を図りたいとの愛郷心から、名産の紅花の商取引でにぎわう城下の目抜き通りに建てられたのである。

「迷子しるべ石」や「なかたち石」は、現代の「ヤフー知恵袋」のような電子掲示板システム（BBS）と同じ機能をもっていたのである。この便利な石造物は、明治時代になっても「教導石《きょうどうせき》」として引き継がれた。駿府《すんぷ》城跡外堀に沿う御幸通りに建つ教導石（静岡市指定有形文化財）は、明治という新たな時代を迎え「富や知識の有無、身分の垣根を越えて互いに助け合う社会を目指す」との趣旨に賛同した人々の善意により、明治一九年（一八八六）に建てられた（図3）。高さは約一八〇センチメートル。上部には、静岡の里《り》程《てい》元標（札ノ辻）から県内各地と東京日本橋や京都三条大橋までの距離を刻み、その下、正面に旧幕臣の山岡鉄太郎《やまおかてつたろう》（鉄舟《てっしゅう》）の筆により「教導石」、向かって右側に「尋ル方」、

図３　静岡市にある教導石

左側に「教ル方」とある。説明板によれば、迷子・遺失物探しや質問以外にも、苦情や相談事から開店・発明品・演説会の広告まで、実にさまざまな紙が貼られたという。教導石は、江戸後期に都市生活の中で考案されたシステムが、近代に入って、発展・拡大する形で引き継がれたことを示す好事例の一つといえるのではなかろうか。

石造物の種類

日本列島の気候風土は多様な植物の生育に適しているため、日本では縄文文化以降、住まいから日用品に至るまで、あらゆる面で植物質性軟質素材が多用されてきた。日本文化は「木の文化」であるといわれ、木の温もり・美しさ・清らかさは日本人の好みに合うと説明されることも多い。しかし普段気づかないだけで、実は私たちの身の回りには新旧さまざまな時代の石造物が存在する。たしかに作られた時点では、石造物よりも植物素材のものの方が圧倒的に多かったに違いないが、植物素材のものは朽ちたり焼けたりして時間の経過とともにほとんどのものが消滅してしまう。現存する過去の遺物に関していえば、時代を遡るほど植物素材のものの数は減り、石のものの割合が増す。一歩屋外に出れば自分が生まれる前に作られた石造物がそこかしこにたたずんでいるであろう。これまで私たちはあまりに石造物に無関心に過ぎたのではなかろうか。

日本で石造物文化が最も花開いた江戸時代には、多種多様な石造物が作られた。その数は中世以前とは比べ物にならないほど膨大である。石造物は信仰のために作られたものと、実用を主たる目的とするものとがあるが、後者のなかにも信仰の要素がしばしば認められる点に特徴がある。形態と造立目的が錯綜しているため、いざ石造物を分類しようと思うと意外と難しい。それでも江戸時代の石造物文化の多様性を示すため、代表的な石造物を挙げ、無謀な試みではあるが造立の目的に従って分類してみた（表1）。

これまでの石造物研究は石造美術に立脚したものが多いため、「像容」や形状に注目が集まり、石造物全体が網羅される機会は少なかった。表に示したのは全国的な分布を示す代表的なものだけで、ある特定の地方にだけ分布するような石造物はこのほかにもたくさんある。こうしてみると確かに信仰に関わるものが多いが、顕彰・記念・文学のように直接信仰とはかかわらない石造物も存在する。前述の「迷子しるべ石」も信仰には直接関係しない実用的な石造物の一つであろう。「石造美術」で見過ごされてきた顕彰・記念・文学に関連する石造物は近世後期に各地に現れ、明治以降に爆発的に増加する。

表1　江戸時代に建てられた主な石造物

分類			具体例
信仰を主たる目的とするもの	仏像等そのもの		如来　菩薩　明王　天部　羅漢　閻魔　脱衣婆　十王　十三仏　仏足石　祖師　役行者
	供養	特定の人物	墓石(墓標)　逆修供養　遠忌碑　仏舎利塔
		不特定多数	万霊　無縁　飢饉供養　疫病供養　災害供養　各種講
		動植物	動物供養(馬頭観音など)　草木供養
		普請	石段　石橋　道路
	念仏		百万遍　常念仏　斎念仏　天道念仏　四十八夜念仏　念仏車
	経典供養		名号　題目　刻経　読誦　納経　写経　一字一石
	廻国・巡礼		六十六部廻国　西国三十三観音　坂東三十三観音　秩父三十四観音　百番巡拝　江戸三十三所観音　弘法大師霊場巡拝
	名社寺信仰		伊勢(太神宮)　熊野　住吉　金比羅　出雲　春日　松尾　青麻　成田　太平山三吉
	民間信仰	自然神	山神　水神　雷神　風神　地神
		日待・月待	日待　庚申　甲子待　己巳待　二十三夜　二十二夜　二十一夜　二十日待　十八夜　二十六夜
		山岳信仰	鳥海山　出羽三山　金華山　白山　立山　古峯山　三峰山　妙義山　大山　御岳　富士山　大山　大峰山　愛宕山　秋葉山
		動物神	馬歴神(蒼前神・駒形神)　撫牛　蚕神　龍神　稲荷　蛇神
		魔除け	道祖神　塞の神　石敢当　疫病神(疱瘡神・麻疹神など)
		その他	恵比須　大黒　弁財天　天神　聖徳太子　田の神　胎安・子安　淡島　各種講
	施設・器物		鳥居　灯籠　手水鉢　狛犬　玉垣　戒壇石(結界石)　禁制　百度石　力石　敷石　丁石　石段　天水桶　香炉　石廟　石堂　石祠
実用目的	施設・設備		道標　方角石　丁石　号標　常夜塔　井戸枠
	顕彰		筆子塚　功績　善行
	記念		竣工・改修・開発・治水　史跡・旧跡・名勝　災害・事件・事故
	文学		歌碑　句碑

顕彰碑・記念碑

一八世紀末以降、歴史上功績を挙げた人物の発掘と顕彰が盛んになり、彼らを顕彰・記念する石碑が建てられ始めた。また、国家・藩・地域社会などさまざまなレベルで、開拓者や忠孝・「義」に準じた人物への回帰・表彰が一般化し、特質すべき政治文化の様相を生み出していった（羽賀彰二『史蹟論―一九世紀日本の地域社会と歴史意識』名古屋大学出版会、一九九八年）。羽賀氏は、こうした「復古」の歴史的潮流、史蹟顕彰の文化運動が国民国家の文化的・イデオロギー的な基盤となり、近代日本人としての国民性・気質を形成し、歴史意識の内実、歴史的伝統が次第に形成されたと指摘する。

本書では飢饉・自然災害・事故・疫病などの犠牲者の供養塔を数多く取り上げるが、それらは建てた人の意図にかかわらず、「災害記念碑」の役割も果たしてきた。屋外にあって人眼につく石造物は、時に造立者の予想を超えた「働き」をする。またそれとは逆に、造立者が石造物を目にした時の人々の反応を予想し、碑文の一字一句、さらには行間にメッセージを込めることもある。次に紹介する浅草観音戒殺碑《かいさつひ》は、まさに後者の傑作である。

浅草観音戒殺碑

観光客でにぎわう東京都台東区浅草寺雷門の門前、隅田川辺に位置する駒形堂は、浅草寺の本尊である聖観世音菩薩が漁師の網にかかり発見された場所と伝えられる（『浅草寺縁起』）。駒形堂は江戸の有名な観光スポットであり、

図4　浅草観音戒殺碑

『江戸名所図会』や歌川広重の「名所江戸百景」にも描かれている。駒形堂境内には由緒のあるこの地周辺での魚貝類の殺生を禁じた浅草観音戒殺碑（東京都指定有形文化財）がある（図4）。

伊豆石《いずいし》（安山岩）製の石碑は、高さ一八五センチメートル、幅六一センチメートル、厚さ二二センチメートルの長方形円頭板状で、上部に篆書体《てんしょたい》で「戒殺碑」と刻まれている。現存する石碑は駒形堂とともに宝暦九年（一七五九）に再建されたもので、関東大震災で被災し、昭和二年（一九二七）五月に土中から掘り出され、同八年に補修のうえ、再び建てられた。そのような経緯から下半部の痛みがひどく、文字は全体の半分程度しか残っていない。しかし幸いなことに、『江戸名所図会』には駒形堂の項に「禁殺碑」としてこの石碑の全文が掲載されている。

戒殺碑

武陵之州浅草之川遠出乎源近注干海大悲薩埵現像垂跡洋洋如昭而著其
為霊境亦已尚矣然恣事釣漁夭傷水族冤苦之惨不勝哀愍腥臭之穢固可厭悪伏
惟霊刹数離　回禄蓋以大悲為此有所不安也幸遇　令時丕漾　洪運仁
慧四海深重物命礼崇三宝傍興寺宇於是去歳闔寺堂舎修治補葺猶新成因立
制令厳戒殺生乃以南自諏訪町北至聖天岸十町余計為嗚呼盛哉好生之大徳
種福之勝業一在平斯　人主之恩意足仰而望菩薩之親心可従而知區區哀
感仰有余乃為銘曰

維斯一心　即具三千　以我即乖　以観即円　鱗介異類　好悪同然
詎忍残殺　不知哀憐　営生嗜味　速禍取愆　畏報於後　思戒於再
文明遇時　慈悲如天　網罟作禁　魚鼈無虞　豈但物命　因慈得全
教化所及　幣習能悛

元禄第六歳次昭陽作噩春三月武州豊島郡金龍山浅草寺権僧正宣存誌

（太字は現在確認できる文字）

碑文によれば、この石碑は元々、元禄六年（一六九三）三月に建てられたもので、撰文は浅草寺の中興の祖として知られる第四世宣存による。前年の元禄五年には五代将軍徳川綱吉による生類憐みの令を受け、当地を魚鳥殺生禁断の地とする法度が出されており、碑にも駒形堂を中心に南は諏訪町から北は聖天岸までの十町余の川筋での殺生が厳しく禁じられたことが記されている。また碑が建てられた年の八月には、趣味による釣りを禁じる法度も出されている。

ところで浅草寺弁天堂境内には、江戸の街に時を知らせる九つの鐘の一つで、松尾芭蕉の「花の雲　鐘は上野か　浅草か」の句で知られる梵鐘《ぼんしょう》がある。鐘の銘文には、将軍綱吉の命で、元禄四年八月から約一年かけて浅草寺の大修営が行われ、本堂・仁王門・五重塔・鐘楼《しょうろう》・雷門・随身門（二天門）などの建物の修理と鐘の改鋳がなされたことが記されている。鐘の撰文は戒殺碑と同じ宣存による。浅草寺中興の祖とされる宣存にとって寺の大修営を推進してくれる将軍綱吉は最強の後ろ盾であったろう。

戒殺碑は表向き浅草寺の由来を説き、この地での殺生を禁じる仏教的教えが記されているに過ぎない。しかし、この碑が江戸の人気スポットに建てられた当時、それ目にした人々は皆、時の将軍綱吉が推し進める生類憐みの令を意識せざるを得なかったであろう。一見、仏教の教えを説くようにして、その実、将軍による不人気な政策への賛意を世間に広める。戒殺碑を建てた宣存は中興の祖と呼ばれるだけあって、相当やり手の人物であったようだ。浅草観音戒殺碑は、元禄の浮世の政治と金、政治と宗教の密接な関係から生まれたといえよう。

開発や忠孝の功労者を中心として江戸後期には顕彰碑が建てられるようになった。歌舞伎役者や花魁《おいらん》とともに絶大な人気を集めていた力士も顕彰の対象となった。

釈迦嶽等身碑

多くの参拝客が訪れる深川富岡八幡宮（東京都江東区）は、江戸勧進相撲発祥の地として知られ、境内には横綱力士碑をはじめ相撲に関連した石造物が多く存在する。深川の力持ちと呼ばれる重量物を担ぎ上げる曲技は、都の無形民俗文化財に指定されており、富岡八幡宮の境内にも力持ちに使われた力石が奉納されている。正面の大鳥居をくぐるとすぐ右手の一角には、巨人力士碑・巨人力士手形足形碑など、相撲取りの巨体を記念する石造物が集まっている。そのなかで、大変古めかしく異彩を放っているのが、江東区の有形文化財に指定されている釈迦嶽《しやかがたけ》等身碑である（図5）。この石碑は元々、本殿の後ろにあった宿禰《すくね》社の側に建っていたが、関東大震災後の本殿復興工事に伴い昭和二年（一九二七）に横綱力士碑のある場所に移され、さらに昭和六三年に現在地に据えられた。

釈迦ヶ嶽雲右衛門（一七四九―一七七五）は、江戸時代の大相撲の第三六代大関で、二

図5　釈迦嶽等身碑

三勝三敗一分一預という江戸幕内在場所中の好成績もさることながら、並外れた大きな体で人気を集めた。身長七尺五寸（約二二七センチメートル）・体重四六貫（約一七二キログラム）の巨体ぶりは有名で、外出時に注目されるのを嫌い、本人は「都下は住がたし。一日も早く帰国したし」と言って泣いたとの話が松浦静山《まつらせいざん》の『甲子夜話《かっしやわ》』にある。

この石碑は伊豆石で作られており、頭部は丸く円柱状で、高さは釈迦ヶ嶽の身長と同じ七尺五寸である。側面には碑文が八行にわたり一周する形で刻まれている。碑文の意味はおおよそ次の通りである。

出雲（の国出身）の釈迦嶽雲右衛門、長は七尺五寸、石もて象《かたど》りて本（本態）を表す

（等身大の円柱形の碑を造ったこと）。右は没して十三年、永えに慕いて焉《これ》を建つ（十三回忌を契機に設置した）。闕里孔信龍伯鱗は韻もて言い（韻を踏む文辞を作り）、東魯腔孔信鳳仲翼は書もて揮《ふる》う（揮毫《きごう》した）。天明七年春二月朔天に建置す。弟の真鶴崎右衛門《まなづるさきえもん》。山川は気を降ろし（天地は秀気を降ろし）、斯に大人（体の大きい人）を出だす。身の長は丈余（一丈余り＝三メートル、誇張）、膂力《りょりょく》（体力・腕力は絶倫（類なし）。角觝《かくてい》・相撲（いずれの語も格闘の相撲の類。ここでは力士としての評判）は、深川に鳴る（鳴り響く）も、一朝（ある日突然）化し去れり（逝去した）。姓名は尚《な》お伝りて、空《むな》しく其の地に存つ。子弟（ここでは弟の真鶴崎右衛門）は魂を消して（深い悲しみで魂も消えてしまいそうになりながら（追善供養のために））石を建てて形に象《かたど》り（等身大に作り）、万年（永遠）に表す（表彰する）。鳩谷天愚公孔平信敏《きゅうこくてんぐこうこうへいのぶとし》撰し、赤峰劉長和書す。

この石碑は、釈迦ヶ嶽の一三回忌に当たる天明七年（一七八七）二月一日に、弟の真鶴崎右衛門によって、兄釈迦ヶ嶽の供養と力士としての名を永遠に伝えるために建てられた。

撰文は鳩谷天愚公こと（萩野）信敏である。彼は釈迦ヶ嶽が抱えられていた出雲松江藩（松平出羽守）の儒医で、孔子の子孫と自称し、奇妙な衣装と行動により江戸でも指折りの奇人・変人として有名であった（土屋候保『江戸の奇人 天愚孔平』錦正社、一九九九年）。「山川……其地」の韻文を作った孔信龍（萩野信龍、号は闕里《けつり》）とそれを揮毫した孔信鳳

(萩野信鳳、号は東魯《とうろ》)の二人は鳩谷天愚公孔平信敏の子である。

釈迦嶽等身碑は建てられた当時から有名だったようで、江戸の世相風俗資料として知られる大田南畝《おおたなんぽ》の「半日閑話《かんわ》」にも「釈迦嶽のせい(背)の高を石にて作り深川八幡宮の後に立。出羽侯の臣天愚孔平文をつくれり」と紹介されている。現代では有名スポーツ選手の銅像や記念館はそう珍しくもないが、今から二三〇年余り前には前代未聞の記念物だったに違いない。しかも当代きっての奇人で知られる親子が碑文を考えたとあっては、評判にならないわけがない。

現役中に二七歳の若さでこの世を去った兄に対する想いは余程強かったと見え、深川に釈迦嶽等身碑が建てられてから三七年後の文政七年(一八二四)、力士を引退した弟の稲妻咲右衛門(＝真鶴崎右衛門)は、今度は兄弟の故郷である出雲に「釈迦嶽雲右衛門・稲妻咲右衛門兄弟塔」(島根県安来《やすぎ》市指定有形文化財)を建立した。史上、兄弟大関はこの二人と、昭和・平成の花田兄弟(初代若乃花と初代貴乃花、三代目若乃花と二代目貴乃花)の三組だけだそうだ。花田兄弟の仲が気になるところである。

三力士追慕碑

相撲つながり、花田兄弟つながりで、もう一つ花のお江戸から遠く離れた津軽の地に建つ顕彰碑を紹介しよう。青森県五所川原《ごしょがわら》市の観光施設、立佞武多《たちねぷた》の館近くの久須志《くすし》神社境内には、市の有形文化財に指定されている伊勢海利助《いせのうみりすけ》追墓碑がある（図6）。石碑は元々、現在地から南西に約一五〇メートル、岩木川に架かる乾橋《いぬいはし》付近にあった。

石碑は高さ一九〇センチメートル、津軽の名峰岩木山から産出する輝石安山岩の自然石を用い、正面に伊勢海利助と大書し、その右側に「三力士」、左側に「追慕碑」、その下に鳥井崎与助と麓川藤八の名前があたかも横綱とそれに付き従う太刀持ち・露払いのように刻まれている。右側面には伊勢海利助の死亡日「文政十三庚寅十月二十七日」が刻まれている。追慕碑は嘉永元年（一八四八）造立と伝えられる。

図6　伊勢海利助ほか三力士追慕碑

伊勢海（五代目）は引退後の年寄名で、現役時代の四股名《しこな》は柏戸（四代目）、文化一二年（一八一五）三月に東大関となった。現在の幕内優勝に該当する最高成績を一六回も重ねたスーパー力士であった（今靖行『改訂青森県郷土力士物語』北の街社、二〇〇七年）。彼の本名は川浪基といい、現在の五所川原市鶴ヶ岡出身で、後述する鳥井崎与助の後を追うように文政一三年（一八三〇）に亡くなった。地元五所川原では、天保一〇年（一八三九)、同一三年、弘化二年（一八四五)、同三年、嘉永元年（一八四八)、安政二年（一八五五)、同四年、同六年、文久元年（一八六一）に彼の追悼相撲興行がなされた。

鳥井崎与助は柏戸利助と同じ郷里出身の弟弟子で、最高位は西前頭六枚目。麓川藤八は柏戸利助や鳥井崎与助と同じ伊勢ノ海部屋に所属した力士で最高位は三段目、二人より前の文政三年に亡くなっている。

久須志神社の境内には他にも、明治二八年（一八九五）の「力士記念碑」や初代若貴兄弟の生みの親である「花田きゑ殿を称える碑」(平成八年〈一九九六〉造立）がある。深川の富岡八幡宮も五所川原の久須志神社も、力士顕彰の磁場を形成しているといえよう。

石に刻まれた飢饉の記憶

飢饉供養塔とは

飢餓と飢饉

人類の歴史は飢えや病との戦いの歴史であり、それは現在も続いている。

国連がまとめた二〇一八年版「世界の食料安全保障と栄養の現状」報告書によれば、今なお地球上ではおよそ九人に一人が飢えに苦しんでおり、ここ数年、状況は悪化する傾向にあるという。その原因として挙げられているのが、降雨パターンや作物生育期に影響を及ぼす気候変動性、干ばつや洪水等の極端な気象現象、紛争や景気後退である。紛争や景気後退はもちろん、近年の異常気象も人間活動が大きく影響しているとされる。そして、歴史上、飢え（食料不足）により失われた命は、地震や火山噴火などの自然災害や戦争、疫病に起因する犠牲者よりも桁違いに多い。

ところで、日本史で飢餓が語られる際には飢餓よりも飢饉の文字が使われることが多い。

飢・饉どちらも餓える状態を意味する漢字である。饉は食べものが僅《わず》かの意味で、特に作物の凶作を指す。そのため狩猟・採集を主たる生業とした縄文やアイヌ社会では飢餓が使われ、農耕社会の弥生以降に関しては飢饉が使われることが多い。縄文時代の貝塚から発見された人骨のなかには栄養不足による発育障害の痕跡が残るものがみられる。近年高い評価を得ている「縄文スタイル」も決してバラ色一色だったわけではない。また和人との交易を前提に狩猟・採集中心の生活を営んでいたアイヌの人々もしばしば食料不足に見舞われており、飢餓は彼らの神謡の重要なテーマとなっている。

有用植物の人工栽培（農耕）は食料の増産を実現し、人口規模の拡大をもたらす一方で、大きく膨らんだ人口は、常に飢饉のリスクにさらされることとなった。戦前の高等小学校で使われていた修身の教科書には、仁徳《にんとく》天皇の徳政を示すエピソードとして『日本書紀』にある、かまどから立ち上る煙が少ないのを見て三年間税金を免除した結果、天候に恵まれ五穀豊穣で民の暮らしが豊かになった話が載っていた。仁徳天皇の美談の真偽はともかく、古墳時代の農耕民が時として不作や重税で食料不足に苦しんでいたのは事実であろう。

飢饉を考える際、農民と非農耕民、食料生産地（農村）と消費地（都市）との関係性が重要な視点となる。飢饉で一番被害を受けたのはどこのだれか。飢饉はさまざまな災害のなかでも、その社会が抱える本質的な矛盾や弱点を最も明瞭な形で暴き出す。

都市と農村の分離のうえに、権力と資本が集中した消費都市を食料生産地である農村が支える形が確立した江戸時代は、都市の論理に農村が従属させられており、飢饉の発生する構造はいっそう社会経済的となった（菊池勇夫『飢饉　飢えと食の日本史』集英社、二〇〇〇年）。文書に記録された凶作は古代から江戸時代まで三七〇件を数えるが、そのうちの一七五件は江戸時代に発生している（西村真琴・吉川一郎編『日本凶荒史考』有明書房、一九八三年）。江戸時代は三年に一回の頻度で国内のどこかが凶作に見舞われていたことになる。

一般に江戸の四大飢饉といわれる寛永《かんえい》の飢饉（一六四〇〜四三年）、享保《きょうほう》の飢饉（一七三二年）、天明《てんめい》の飢饉（一七八三・八四年）、天保《てんぽう》の飢饉（一八三三〜三六年）のうち、享保の飢饉以外は東北地方の被害が甚大であった。東北地方の飢饉の多くは異常低温や日照不足など冷害型の凶作が引き金となって発生している。気候変動の歴史から見て一三世紀の終わりごろから地球は「小氷河期」に入っており、一七世紀半ばころから一八世紀初め（マウンダー極小期）と、一八七〇年代から一九三〇年代には著しい寒冷化が生じていた（桜井邦朋『夏が来なかった時代』吉川弘文館歴史文化ライブラリー一六一、二〇〇三年）。東北地方では、江戸中期以降、天明の飢饉や天保の飢饉以外にも、元禄《げんろく》の飢饉（一六九五・九六年）、や宝暦《ほうれき》の飢饉（一七五五）など多くの餓死者を出す飢饉が頻発した。

暴かれた宝暦の飢饉の真相

二〇〇一年、弘前大学に赴任した筆者が最初に選んだフィールドは、室町時代の海洋法規集である『廻船式目《かいせんしきもく》』で日本を代表する湊町として三《さん》津七湊《しんしちそう》に名前が挙げられた津軽十三湊《とさみなと》であった。

十三の砂山ナーヤーエー　米ならよかろナー
西の弁財衆にゃエー　ただ積ましょ　ただ積ましょ
弁財衆にゃナーヤーエー　弁財衆にゃ西のナー
西の弁財衆にゃエー　ただ積ましょ　ただ積ましょ

盆歌「十三の砂山」が伝わる青森県五所川原市十三地区は、日本海と岩木川の河口に広がる十三湖に挟まれた砂州の突端に位置する。北海道と本州を結ぶ北方交易で栄えた中世の十三湊は、津軽安藤氏の没落により一五世紀中頃に衰退するが、江戸時代には城下町弘前と日本海を結ぶ湊町として蘇った。旧村名の「市浦《しうら》」が示すように、江戸時代の十三町は、青森・鰺ケ沢《あじがさわ》・深浦とともに弘前藩の「四浦」として奉行所が置かれ、岩木川を介し、津軽平野の米や津軽中山山地の木材の積出港として重要な役割を果たしていた。中世の十三湊遺跡の発掘調査で上層から出土した江戸時代の陶磁器を調査するため、現地を訪れた際に出会ったのが湊迎寺《そうごうじ》の過去帳であった。

十三町の中心部に位置する浄土宗十三山湊迎寺は、寛永二年（一六二五）、天龍（天竜）

上人によって開かれたと伝えられ（「寺社領分限帳」）、寛永年間に二代藩主津軽信枚《のぶひら》が十三町を訪れた折、寺に二〇石を寄進したという（「津軽一統志」）。湊迎寺には、寛文二年（一六六二）から明治二五年（一八九二）に到る一三冊の過去帳が残されており、江戸時代の死者七五九四人分の名前や戒名・死亡年月日・居住地などが記されていた。このうち十三町の住人は三五二一名で、残りは十三湖周辺の村々に暮らしていた。

一般に寺院過去帳は故人のプライバシーに深く関わる情報が含まれているため、現在では原則閲覧が禁じられている。筆者らは個人情報の保護を条件に過去帳の調査を許された。湊迎寺の過去帳の分析により、津軽平野北部で暮らし、死んでいった人々の姿を浮かび上がらせることができた。そのなかで最も注目されたのが死亡変動であった。

過去帳には、元禄、寛延《かんえん》、宝暦、天明、天保の飢饉の折、死者が通常の年より明らかに多く記されていた（図7）。時代により檀家《だんか》数が異なるため、被害の程度を死者数により直接比較することは出来ない。そのため各飢饉に関して、飢饉の被害が沈静化した年と死者数で比較してみた。その結果、元禄九年（一六九六）は翌一〇年の約一七倍、寛延三年（一七五〇）は翌年にあたる宝暦元年の約六倍、宝暦六年（一七五六）は翌七年の約五倍、天明三・四年（一七八三・八四）は翌五年と比べ平均約一七倍、天保四・五年（一八三三・三四）は翌六年と比べ平均約五・五倍の値となった。データは、元禄ならびに天明の飢饉による人的被害が最も著しいことや、宝暦の飢饉の際にも、寛延や天保の飢饉と同程度の犠牲者が出た可能性が高いことを示している。

七代藩主津軽信寧《のぶやす》の時代、弘前藩では儒学者乳井貢《にゅういみつぎ》により、商業・通貨統制、綱紀粛正、倹約奨励などを柱とする改革が進められた。従来、弘前藩では乳井の改革により宝暦

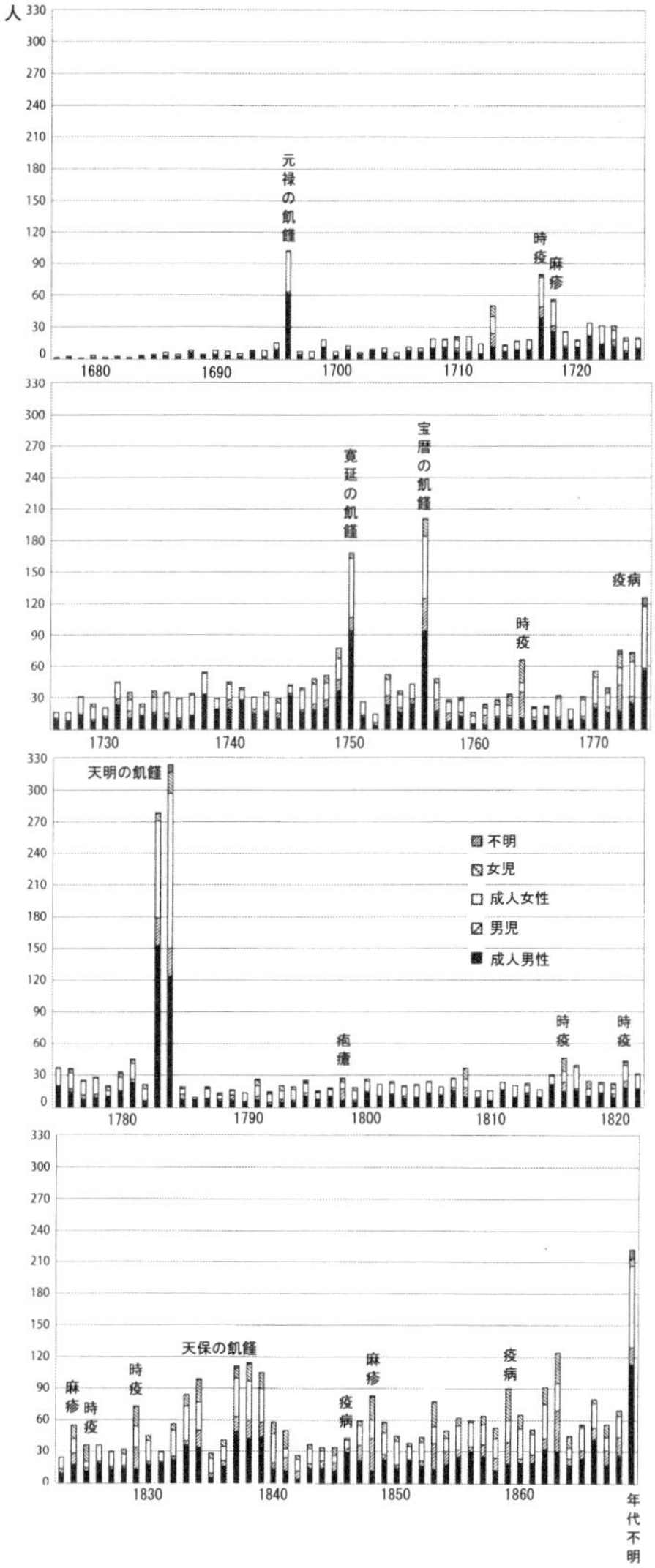

図7　湊迎寺の過去帳に現れた死亡変動

の飢饉の際にも藩の救済措置が迅速かつ適切で、一人の餓死者も出すことはなかったと考えられてきた。宝暦の飢饉の人的被害は弘前藩の隠ぺいにより、二五〇年もの間覆い隠され続けてきたのである。この発見により飢饉の実態を知りたいと思う気持ちが急激に高まった。

飢饉供養塔との出会い

飢饉の実態が知りたいが、過去帳はそう簡単に見せてもらえない。そうした状況で目を付けたのが温泉からの帰り道、偶然道端で目にした飢饉供養塔であった。

飢饉で亡くなった人々のために建てられた供養塔は、東北から九州まで、全国各地にみられるが、とりわけ飢饉が頻発した東北地方に多く、餓死供養塔とも呼ばれている。東北地方で唯一、悉皆《しっかい》調査が行われた宮城県では、江戸時代に建てられた八八基の飢饉供養塔が確認されていた（三原良吉「災害金石志」『宮城縣史』二二、一九六二年）。

天明の飢饉の惨状を記した記録は多いが、菅江真澄《すがえますみ》の紀行文『楚堵賀浜風《そとがはまかぜ》（外が浜風）』はつとに有名である。飢饉の直後の天明五年（一七八五）八月、秋田領から津軽に入った真澄は、飢饉の犠牲者の白骨がまるで消え残った雪のように草むらに散らばり、積み重なっているのを目の当たりにした。転がっている髑髏《どくろ》の穴からは薄《すすき》や女郎花《おみなえし》が生え出ており、正視できないとも書いている。真澄は飢饉を生き永らえた津軽の民衆が語る飢饉の惨状についても彼の持ち味である冷静さを失うことなく書き留めた。真澄は庄内や秋田では飢饉についてはほとんど触れておらず、津軽の惨状が際立つ。天明の飢饉については、八戸の商人で俳人でもあった上野伊右衛門（家文）が記した『天明卯辰簗《てんめいうたてやな》』（青森県立図書館・青森県叢書刊行会編『南部・津軽藩飢饉史料』、一九五四年所収）などから、太平洋側の南部地方でも猖獗《しょうけつ》を極めたことが知られている。天明の飢饉が発生した天明三年の干支は卯、同じく四年は辰であることから、「卯辰」が天明の飢饉を指す固有名詞となるくらい、津軽や南部の人々にとって未曽有の大災害であった。

数多い飢饉のなかでも史上最悪とされる天明の飢饉の折、この世の地獄の様相を呈した青森県内にはいったいどれほどの飢饉供養塔があるのだろうか。その数は宮城県に比べ多いのか少ないのか。いつの飢饉の供養塔が多いのか。津軽・南部・下北で違いはあるのか。まだ青森県の地理もまだ十分理解できていなかった筆者は、無謀なことに青森県内の飢饉供養塔の悉皆調査にのめりこんでしまった。手始めに市町村史に目を通し飢饉供養塔を拾い上げ現地調査を行った。次に郷土史に詳しい地元の方々に教えを乞うた。なかには有力な情報もあったが、「飢饉供養塔ならどこにでもあるよ」との返事が多かった。こちらが知りたいのは、どこにでもの何処なのかなのだが、具体的な情報はほとんど得られなかった。そのうち、飢饉供養塔は墓地の入り口や、旧道の交差点などに建てられていることに気づき、住宅地図や都市計画図などを片手に、学生と一緒に青森県内をほぼくまなく調べ上げた。気がつけば、調査を始めてから足掛け五年近くの月日が経っていた。そうして確認した江戸時代に建てられた飢饉供養塔は青森県内で一二八基。宮城県内の八八基を大きく上回った。

元禄・宝暦・天明・天保の飢饉と東日本

飢饉供養塔の悉皆調査が行われている青森県と宮城県のデータを用いて、どの飢饉の供養塔がいつ建てられたのか検討してみよう。

飢饉供養塔の数と造立年

元禄の飢饉供養塔は後述するように青森県の二基だけで、宮城県内には見当たらない。

宝暦の飢饉供養塔は、青森県八戸市内の曹洞宗松峰山心月院《しんげついん》に一基、宮城県仙台市内の黄檗宗《おうばくしゅう》松月山桃源院《とうげんいん》に一基ある。心月院のものは一三回忌にあたる明和五年（一七六八）に近くの浄土宗紫雲山来迎寺《らいごうじ》の十九世燈誉上人が導師となり、地元の念仏講の人々によって建てられた。桃源院は安永三年（一七七四）仙台藩七代藩主伊達重村《だてしげむら》の夫人惇姫の発願により飢饉の餓死者を供養するために建てられた寺で、造立年不明の花崗岩製の五輪《ごりん》塔《とう》がある。松本岡右衛門信行によって建てられた五輪塔には、宝暦の飢饉の際に奥羽各地から仙台に集まってきた飢民に対して、伊達重村は食事と薬を与え、死者を埋葬し冥福を祈ったことが刻まれている。

天明の飢饉供養塔は青森県内で一一七基、宮城県内で四二基、天保の飢饉供養塔は青森県内で八基、宮城県内で四五基確認されている（図8）。宮城県内にある天保の飢饉供養塔のうち、六基が天保四年（一八三三）の飢饉を対象とし、残りは全て天保七年の飢饉に関連する。

天明の飢饉供養塔の造立は、青森・宮城両県ともに一周忌に始まり、五〇回忌まで継続する。一七回忌までは青森県と宮城県の造立数はほぼ拮抗しているが、二三回忌以降は宮城県内で造立が低調になるのに対して、青森県内では津軽地方で造立が活発化する。

天保の飢饉供養塔は、宮城県では早くも飢饉の最中の天保五年に建てられ始めるのに対して、青森県内では飢饉が終息してから開始され、数も少ない。宮城県内では天保四年の飢饉の一周忌に、仙台藩の施粥《せがゆ》小屋が置かれた城下の黄檗宗松月山桃源院・曹洞宗喜雲山光寿院・浄土宗円光山光巌院大法寺の三ヶ所に死体を叢《あつ》めて埋葬した叢塚《くさむらづか》が営まれ、その上に尖頭角柱形の叢塚碑が建てられた。同様の塚と供養塔は、天保七年の飢饉の三回忌に当たる天保九年にも仙台城下の浄土真宗大谷派勝光山徳泉寺と曹洞宗松風山金勝寺に営

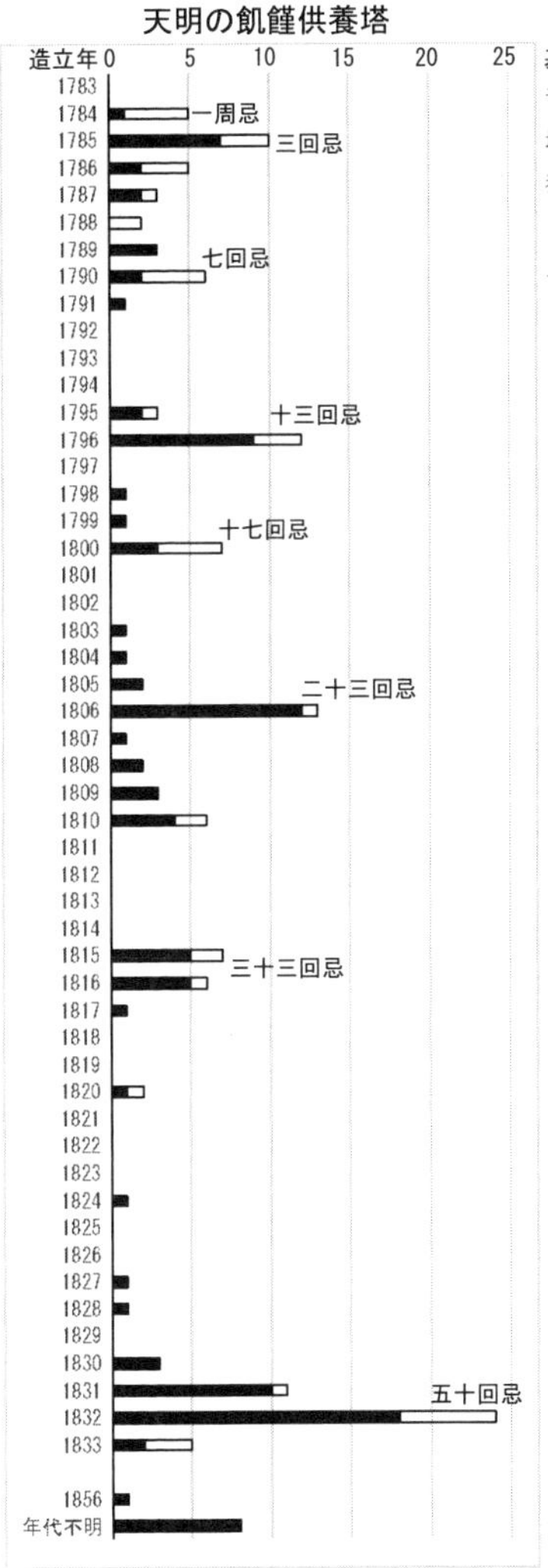

青森県は関根達人編 2004『津軽の飢饉供養塔』、同 2006『下北・南部の飢饉供養塔』、同『供養塔の基礎的調査に基づく飢饉と近世社会システムの研究』（科研報告書）、宮城県は三原良吉「災害金石志」『宮城縣史』22 のデータに基づく。

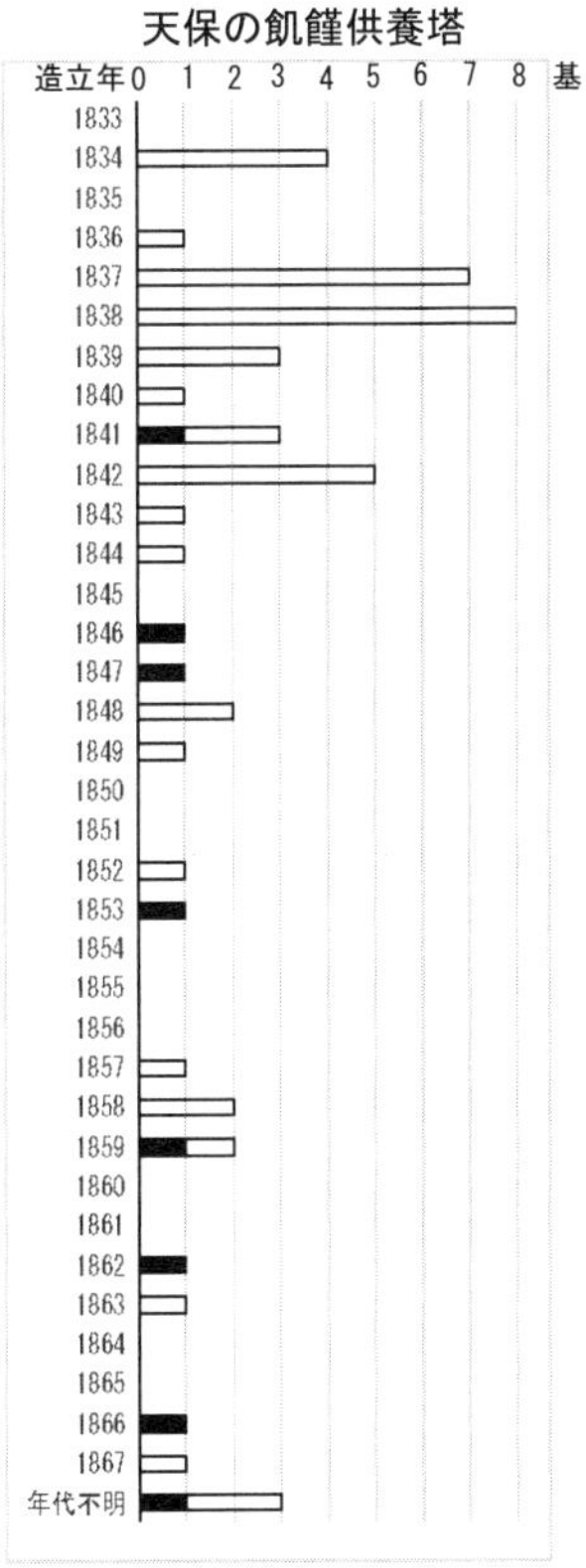

図８　青森県・宮城県の天明と天保の飢饉供養塔造立数

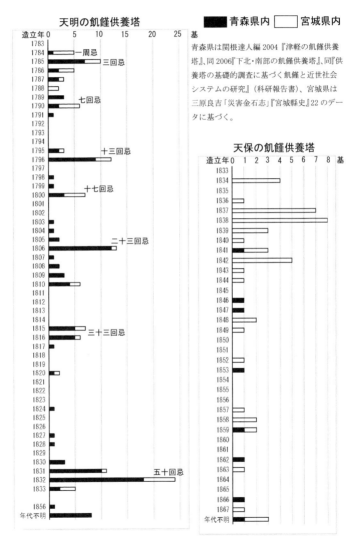

図９　弘前市専修寺の元禄の飢饉供養塔

まれた。

以下では、筆者らが調査した青森県内の飢饉供養塔に基づき、飢饉の実態と飢饉からの復興の様子を見ていこう。

元禄の飢饉と供養塔

津軽では、元禄八年（一六九五）の八月末頃から餓死者が発生しはじめ、翌年八月までに一〇万余の餓死者が出たという（『津軽歴代記類』所収「工藤家記」）。元禄の飢饉による津軽地方の人的被害は、餓死者と疫死者を合わせ全領民の三分の一にも達すると言われる。青森県内では元禄の飢饉供養塔は、弘前藩の城下町弘前と領内随一の湊町青森に各一基のみで、南部地方や下北地方では発見されていない。

弘前市の浄土宗阿闍羅《あじゃら》山《さん》専修寺《せんしゅうじ》にある供養塔は、元禄の飢饉の二三回忌に当たる享保二年（一七一七）、地元の有力町人と思われる七名が施主となって建てられた。供養塔は笠付きで、正面に題目、右側面に「為餓死精霊抜苦与楽也」の文字が刻まれている（図9）。元禄の飢饉に際し、専修寺のある和徳《わっとく》町に死者を葬るための大きな墓穴が掘られたとされており（『津軽歴代記類』）、供養塔は埋葬地に建てられた可能性が高い。

　現在、青森市の三内霊園にある元禄の飢饉供養塔は、元々、青森市本町の日蓮宗広布山蓮華寺の境内に存在した。この供養塔は、元禄の飢饉の一三回忌に当たる宝永四年（一七〇七）、青森横町の有力な商人で、蓮華寺の檀家の豊田宗治が施主となり、蓮華寺の八世日考上人の勧進により、飢饉の犠牲者を埋葬した塚の上に、一字《いちじ》一石経《いっせききょう》の納経碑を兼ねて建てられた。供養塔は自然石で、前面に題目と「餓死諸（霊）」、背面には「元禄八乙亥秋五穀不実而、民多苦餓餒死屍満巷已（以下略）」で始まる銘文が刻まれている（図10）。

背面拓本

正面写真

図10　青森市旧蓮華寺の元禄の飢饉供養塔

　蓮華寺は承応《じょうおう》三年（一六五四）、日住上人によって無縁塚の所在地に開基されたとされ、寺が開かれる以前の段階ですでに無縁者の葬送の地であった可能性が高い。『弘前藩庁日記（国日記）』によれば、元禄八年一一月八日に青森の下浜町に四間×四拾間の「渇人小屋」が設けられたとされる。下浜町の渇人小屋の場所は特定できないが、蓮華寺付近の可能性は高い。というのも時代は下って、寛延三年（一七五〇）や天明三年（一七八三）にも蓮華寺裏の無縁塚に「非人小屋」が設けられており、天明の飢饉の際、蓮華寺の日要上人は、餓死者を境内に埋葬・供養したため「飢渇上人《けがちしようにん》」と呼ばれたという。

以上のように、津軽では元禄の飢饉供養塔は、都市に住む富裕な有力町人が施主となり、施行（非人）小屋に隣接して設けられた無縁者の大規模遺体埋葬場（「イコク穴」）に建てられている。元禄の飢饉の段階では、飢饉の犠牲となった多くの無縁者の供養は、専ら厚志の都市有力町人が担い、天明の飢饉の後に見られる地域共同体主導による供養塔の造立ブームのような万民を挙げての大規模な展開はみられない。

天明の飢饉と地域社会

天明の飢饉による津軽地方の人的被害は、餓死者・疫死者を合わせ、八万余（『弘前藩庁日記』）から一三万余（『天明凶歳日記』）前後で、その数は当時の領内人口の半数から三分の一に相当する。この数には、他国へ逃れた難民（『天明凶歳日記』では八万余人とされる）は含まれておらず、極度の人口減少により、津軽の村々は壊滅的な状況に陥った。天明四年（一七八四）九月一六日、弘前藩主津軽信明《のぶあきら》は、城下の四ヶ寺に餓死者の供養を命じており、そのなかの一つで津軽家の菩提寺でもある曹洞宗太平山長勝寺の境内には、三回忌の天明七年と五〇回忌の天保三年（一八三二）に建てられた千部供養塔が残されている。

青森県内で確認した一一七基の天明の飢饉供養塔は、津軽地方九八基、南部地方一八基、下北地方一基と、津軽地方に集中する。津軽では、天明の飢饉以後、主として町や村といった地域共同体により、回忌に当たる年に、自然石を利用した供養塔が盛んに建てられた。地域共同体が施主となっている天明の飢饉供養塔は四〇基で、そのうち、単独の村で建てられたものが二八基を占めるが、二ヶ村共同で造立しているもの六基、三ヶ村共同のもの五基、一〇ヶ村が名を連ねるものも一基存在する。

天明の飢饉の供養塔の分布は一様ではなく、津軽平野の南半部に偏る傾向が見られる。津軽平野の北半部では、金木《かなぎ》や五所川原など岩木川沿いに分布が限定される。陸奥湾に面する地域や日本海沿岸部における供養塔の造立は低調である。分布状況を詳しく検討するため、貞享四年（一六八七）の領内総検地後に遣《けん》に替わる行政単位として設けられた組ごとに供養塔の数を示した（図11）。天明の飢饉の供養塔は、津軽平野の南半部のなかでも、とりわけ弘前の城下町とその周辺、すなわち岩木山の東南麓にあたる高杉組や駒越《こまごし》組、浅《あ》瀬石《せいし》川に沿った田舎館《いなかだて》組に濃密に分布している。

次に天明の飢饉供養塔が集中する津軽の霊峰岩木山周辺の二つの地域を取り上げ、村を単位とする供養塔造立の様子を見てみよう。

岩木山の東南麓、弘前と岩木山神社とを結ぶ百沢《ひゃくざわ》街道に沿った地域にある一〇基の天

組・町	村数	天明飢饉供養塔基数	組・町	村数	天明飢饉供養塔基数
弘前城下町	—	11	尾崎組	17	3
駒越組	48	17	赤石組	65	2
田舎館組	19	7	広須組・木作新田	140	2
高杉組	31	8	大光寺組	17	2
藤代組	26	3	常盤組	19	1
和徳組	18	4	広田組	28	2
赤田組	32	4	飯詰組	27	2
藤崎組	16	3	金木組	24	4
猿賀組	19	3	後潟組	41	2
俵元新田	8	1	黒石領（平内）	38	1
大鰐組	26	4	柏木組	17	0
浪岡組	22	3	油川組	26	0
増館組	16	2	浦町組	22	0
黒石領	34	4	横内組	44	0
堀越組	17	3	合計	857	98

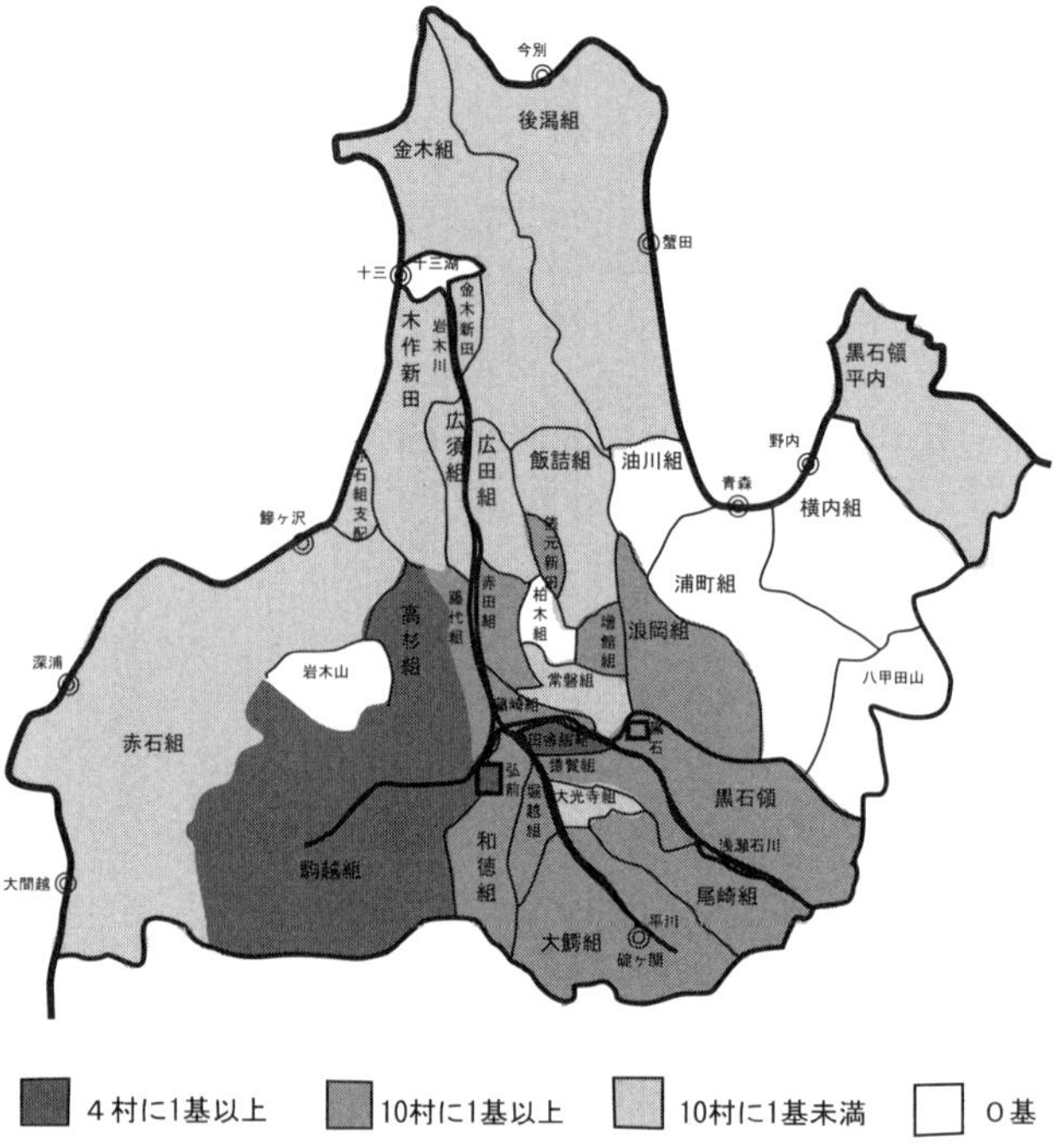

図11　津軽における天明の飢饉供養塔の分布濃度

明の飢饉供養塔は、様式的に三タイプに分類でき、分布上も地域的なまとまりを持つ（図12）。

主流を占めるのが自然石の上部に円相《えんそう》を刻み、その下に名号《みょうごう》（「南無阿弥陀仏」）と蓮華を配置した供養塔で、画一性が極めて高い。このタイプの供養塔は、東西約五キロメートル、南北約三キロメートルの範囲に七基が集中するが、津軽でもこの地区にしか見られない。回忌別に見ると、一七回忌に二基、二三回忌に二基、二七回忌に三基となる。これらは一基を除き基本的には村ごとに建てられている。おそらく隣接する村どうしが互いを意識し合う中で、先に建てられた供養塔を真似る形で、飢饉供養塔の造営を次々と展開していったのであろう。

額縁を彫り、その中に種字《しゅじ》「ア」（胎蔵界大日如来《たいぞうかいだいにちにょらい》）と「餓死供養塔」の文字を刻んだものは、岩木山南東麓でも最も西側に奥まった地区に二基ある。

上記二種類の供養塔とは異なるタイプのものが、百沢街道から北へややはずれた地区にある。この供養塔は、五〇回忌に三ヶ村が共同で建てたもので、自然石に種字「キリーク」（阿弥陀如来《あみだにょらい》）と「卯辰両歳飢渇死亡供養塔」の文字を刻んでおり、岩木山東南麓域における造立の最後を飾るにふさわしい最も大きな飢饉供養塔である。

以上、岩木山東南麓の地域は、天明の飢饉供養塔の在り方から、三地区に分けられた。

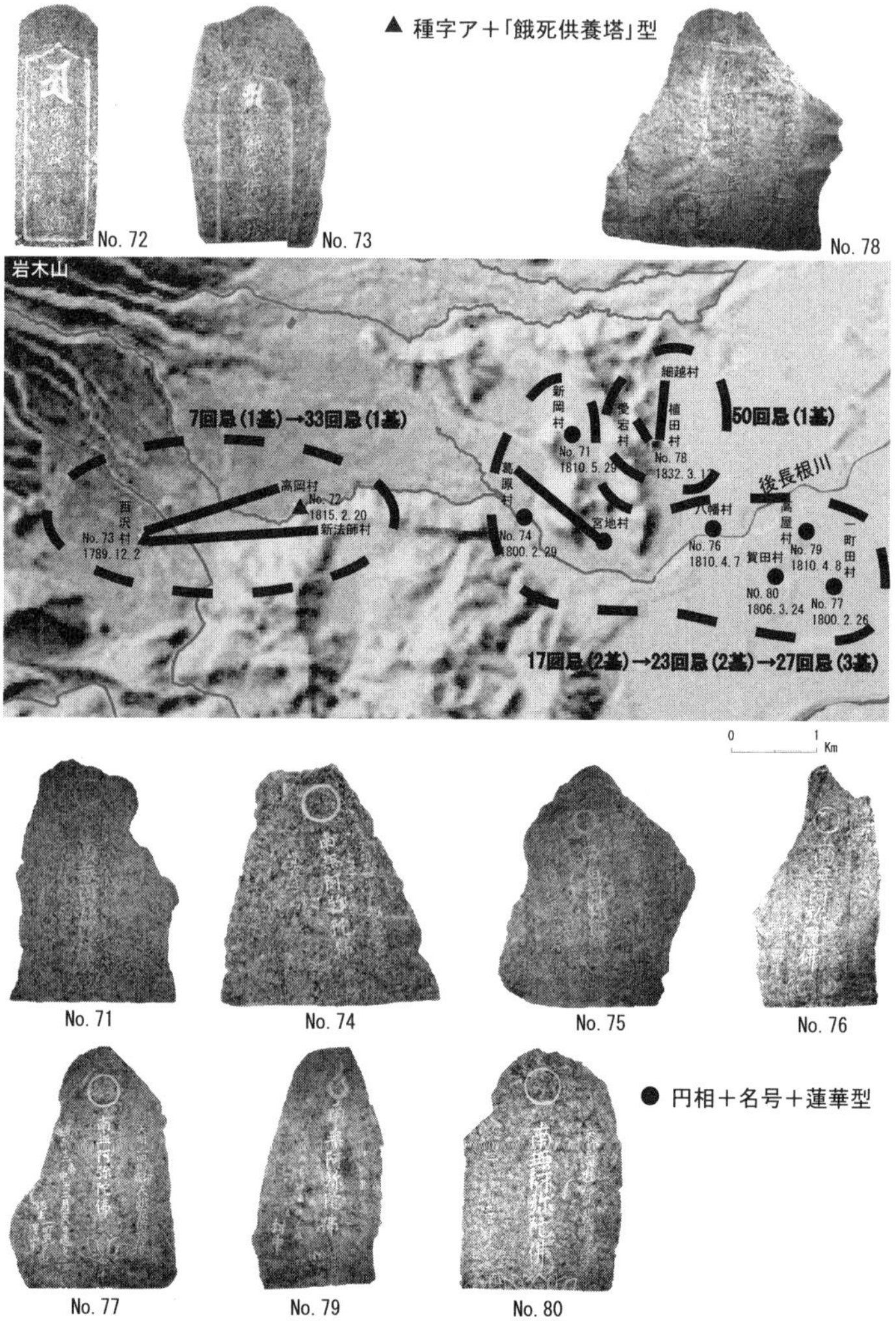

図12　岩木山東南麓における天明の飢饉供養塔

それぞれの地区は立地環境の類似性に起因する地縁的まとまりとして理解可能である。

岩木川上流域とその支流である相馬川流域は、岩木山東南麓域とならび、天明の飢饉供養塔が集中する地域で、岩木川上流域に五基、相馬川流域に四基の供養塔がある（図13）。

岩木川上流域で飢饉供養塔が分布するのは、平らな土地が確保できる田代より下流で、それより上流の山間部では発見されていない。この地域では、天明の飢饉の一三回忌に当たる寛政八年（一七九六）に四基の供養塔が集中して建てられている。しかも国吉と田代は二月一五日、桜庭《さくらば》と中畑は三月三日と、同じ日に二ヶ所で供養塔が造立されている点が注目される。このなかで最も規模が大きい中畑の正林庵《しょうりんあん》にある供養塔は、いずれも岩木川上流域に属する一〇ヶ村と一名の個人が施主となって建てられている。中畑の飢饉供養塔の施主となっている村のなかでは下流に位置する国吉・桜庭・田代の三ヶ村は、中畑の飢饉供養塔が建てられたのと同じ年に、それぞれ個別に各村域内にも飢饉供養塔を建てている。より上流の村では個別に供養塔が造営されないのと対照的である。中畑正林庵の飢饉供養塔の施主に名を連ねる一〇ヶ村のうち、比較的下流に位置する国吉・黒土《くろつち》・桜庭・中畑・田代周辺には岩木川沿いに耕作可能な平坦地がある程度広がっているのに対して、上流の大秋《たいあき》・村市・藤川・川原平《かわらたい》は傾斜地が目立ち、水田稲作には極めて不向きな場所である。事実、国吉・黒土・桜庭・中畑・田代の村位が上であるのに対して、大秋・村

図13　岩木川上流域における天明の飢饉供養塔

市・藤川・川原平は下と評価されている（『平山日記』）。「駒越組大秋村図」によれば、天明の飢饉以前、大秋村には六八軒の家があったが、飢饉後には半分の三四軒となり、中畑正林庵の飢饉供養塔が建てられた寛政八年には僅か一八軒にまで減少している。この史料から判るように、大秋村は、天明の飢饉の一三回忌に、村単独で供養塔を建てられるような状況にはない。おそらく、村位が下と評価された村市・藤川・川原平などの村も同じような状況であったであろう。

この地域のなかでは経済基盤が比較的強い国吉・桜庭・田代の三ヶ村は、中畑正林庵の供養塔に名を連ねる一方で、同時に各村域内に独自の供養塔を造立し得た。反対に経済基盤が弱く、独自に供養塔を建てるだけの余力を持たない最上流部の村々は、地域総出で営まれた中畑正林庵の飢饉供養塔に名を連ねることで、精神面でも飢饉を克服し、地域共同体の再生を果たしたことを対外的に表明したのであろう。

中畑正林庵の天明飢饉供養塔は、中世以来「目屋《めや》」と呼ばれてきた岩木川上流域に属する村々が、一八世紀末の段階でも地域的なまとまりとして実際に機能していたことを意味する。中畑正林庵では、明治一九年（一八八六）にも天明の飢饉の百回忌と天保の飢饉の五〇回忌を兼ねた法要が営まれている。近代以降も目屋に住む人々の間では、正林庵が飢饉供養の場であると認識され続けていたのである。

菅江真澄の紀行文『楚堵賀浜風』や『天明卯辰簗』をはじめとして、天明の飢饉の際に食べ物に困って人肉を食べたとする聞き書きや伝説は多いが、人目につき、半永久的に後世まで残る石造物ともなれば話は別である。しかし驚くなかれ、天明の飢饉の際に人肉を食べたことが刻まれていた供養塔が青森県八戸市内に存在する。

人肉を食べた話

青森県の文化財に指定されている八戸市新井田《にいだ》の曹洞宗貴福山対泉院《たいせんいん》にある餓死万霊等供養塔と戒壇石《かいだんせき》は、全国で最も有名な飢饉供養塔であろう。どちらも天明の飢饉の惨状を後世に伝えるべく、飢饉の直後に、地元八戸で酒造業や廻船業を営んでいた有力な商人、松橋孫助を中心として建てられた。

餓死万霊等供養塔は高さ二・三メートルを超す大きな石碑で、飢饉が収束していない天明四年（一七八四）一一月一一日に建てられた。背面には上段に飢饉の被害状況、中段に高騰した食料の値段、下段に造立者の名前が記されている（図14）。碑文の内容はおおよそ次の通りである。

【上段】安永七年（一七七八）の頃より、ここ数年の間耕作は思わしくなかったが、天明三年（一七八三）になって、いよいよ大飢饉へと向かった。四月一一日の午前六時頃、雷が強く鳴り響き、東北風が吹き、大雨が降り、これより八月晦日の暮れまで

正面刻字

○
餓死萬靈等供養塔
天明四甲辰年
十二月十一日

正面拓本

背面刻字

粤安永七戊戌年頃自然耕作不宜而天明三癸卯歳大飢饉旨赴者四月十一日朝
卯時雷強鳴東北風吹従大雨降以来八月晦日暮迄雨天続九月朔日漸晴天也夏中
綿入重服致程寒夫故田畑一円無実入青立依而諸人毎日鳥屋部嶽江登蕨根掘海艸
山艸不申及稲柄稗柄切粉而食物剰人□且翌辰年春中御領内一統無高
下大疫病時行貧福共押靡而病死餓夥敷死人如山殊御町在々毎夜出火或依押込強盗理
不尽吏共夥敷言語道断也併新井田村出火無之也御領内惣人数六万五千人餘内三万人餘
死也新井田十日市田迎塩入岩渕人数男女千四百拾八人内六百九十六人死家弐百七十二軒内百三十六軒潰也前代未聞吏共也後来米穀ホ相圍可申者也記

相場附
秋田米一貫文四升三合蕨打糟一升百五十文
地古米同　三升三合大根一本二十四文
粟同六升大麦同七升酒一升五百五十文
小麦同六升蕎麦七升味噌一盃四十五文
小豆同四升五合稗八升
大豆同六升五合昆布粉百文
小糠一升五十文塩一升四十文

造立施主
九世虎山代

松橋又右衛門
中村庄三良
新井田田迎乙
岩渕塩入名
十日市　中
松橋孫助備端
同孫四良準甫

背面拓本

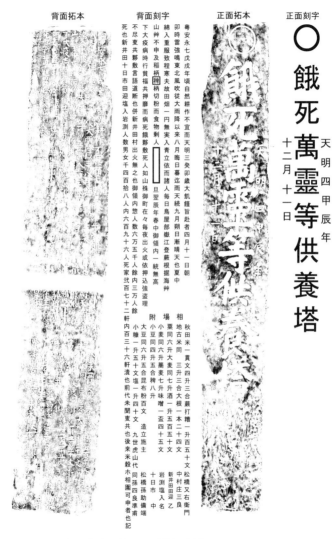

図14　八戸市対泉院の餓死万霊等供養塔

雨が降り続いた。九月一日になってようやく晴れた。夏の間中、綿入れを重ねて着るほど寒かった。そのため、田畑すべての作物は実が入らず青立のままであった。よって人は、毎日鳥屋部嶽《とやべだけ》（階上岳《はしかみだけ》）へ登り、蕨《わらび》の根を掘り、海草や山草は言うまでもなく稲の茎や稗《ひえ》の茎を切って食物とした。そればかりか人「八ないし九文字削除」。翌辰年になると、領内全体で身分の高低に関係なく疫病が大流行し、貧しい者も富める者も病死や餓死する人が後を絶たず、死人が山のようになった。さらに、城下やまわりの村々では、毎晩のように出火や押し込み強盗など、理不尽な出来事が続き、言葉で説明のしようもないほどであった。しかし、新井田村では出火はなかった。領内の全人数六万五千人余り、その内三万人余りが死亡した。新井田、十日市《とおかいち》、田向《たむかい》、塩入、岩淵の人数男女あわせて一四一八人、その内六九六人が死亡。家二七二軒のうち一三六軒が潰れた。これらのことは、前代未聞のことである。今後、米穀などはきちんと貯蔵しておくべきである。ここに記す。

【中段】　相場附

秋田米一貫文四升三合　蕨打糟一升百五十文　地古米一貫文三升三合　大根一本二十四文　粟一貫文六升　大麦一貫文七升　酒一升五百五十文　小麦一貫文六升　蕎麦一貫文七升　味噌一盃四十五文　小豆一貫文四升五合　稗一貫文八升　大豆一貫文六升

五合　昆布粉百文　小糠《ぬか》一升五十文　塩一升四十文

上段の碑文は四行目の中ほどに文字を削った痕がみられる（傍線部分）。地元では、この部分には飢えて人肉を食べたことが記されていたが、殿様に遠慮して削りとったと伝えられてきた。石碑の拓本《たくほん》を採って碑文を吟味した結果、実際に八ないし九文字が削られており、前後の文脈から考えて、そこには食べ物に困って人肉を食べた旨が刻まれていた可能性の高いことが確かめられた。

一方の戒壇石は高さ一・五メートルで、餓死万霊等供養塔と同じ天明四年（一七八四）一二月一一日に建てられ、翌年の三月に背面の碑文が追刻された。戒壇石は、律宗や禅宗寺院の門前に建てられる石柱で、正面には「不許葷酒入山門」とある。葷《くん》はニラやニンニク・ラッキョウなど匂いの強い野菜を指し、境内で煩悩の原因となる精力のつく野菜や乱れのもとになる酒を口にすることを禁じている。戒壇石の背面には、天明の飢饉の際の対泉院領内の詳細な被害状況とともに、飢饉に備え雑穀といえども日頃から油断なく蓄えておくよう、後世への戒めが刻まれている（図15）。

一家全滅？

人から自分の研究分野を聞かれた時、最近は一言「紙に書かれなかった歴史研究」と答えるようにしている。私が研究しているモノ資料は古文書と違い、自ら進んで何かを主張することはないので、直接過去の人間の感情に接する機会は

正面刻字

天明四甲辰年
不許葷酒入山門
十二月十一日

正面拓本

背面刻字

天明三癸卯年大凶年當寺拝知百石百性
家数四拾七軒之所二拾九軒死明残家十八軒也
雖然家一軒男一人或女二人位助命也総合而男
女三百八人之所二百三十二人餓死病死残而男
女七十六人助命也前代未聞也後来人雑穀無
油断可囲也　天明五乙巳年三月
造立施主松橋孫助備端
同孫四良準甫
石工信州飯嶋増右衛門
當寺九世虎山事代

背面拓本

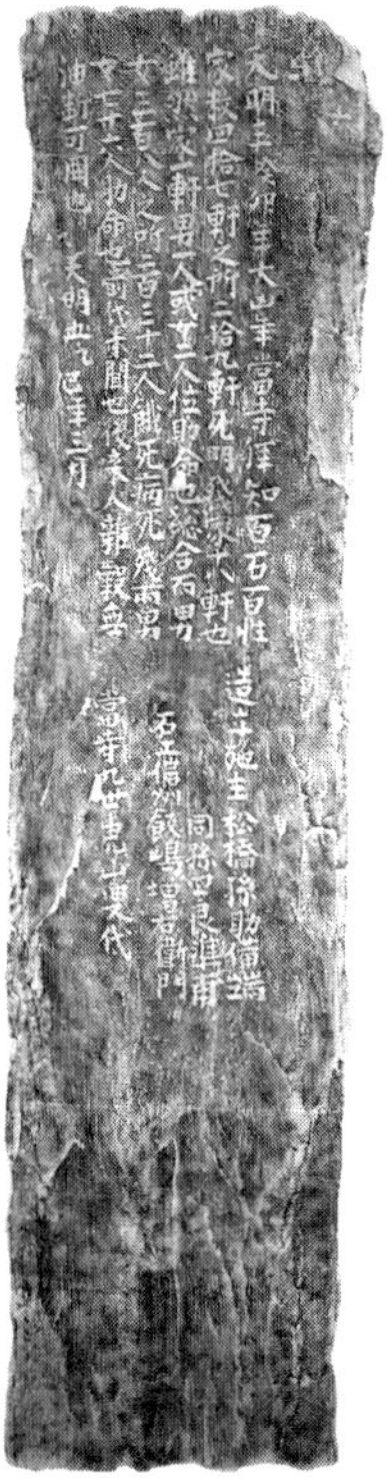

【背面碑文現代語訳】

天明三癸卯年の大凶年、百石の寺領である当寺対泉院領内の百姓の家数が四十七軒あり、そのうち二十九軒の家が死んで、残る家数は十八軒となった。

けれども、家一軒につき男一人或いは女二人程の命は助かった。

あわせて男女三百八人のところ、二百三十二人が餓死・病死し、残ったのは男女七十六人であった。

これは前代未聞のことである。

後世の人々は雑穀といえども油断せずに蓄えておくべきである。

天明五乙巳年三月
造立施主　松橋孫助備端　松橋孫四良準甫
石工　信州飯嶋増右衛門　　当寺対泉院九世虎山の代のことである。

図15　八戸市対泉院の戒壇石

あまりない。そうした事情もあって、沢山の墓石や人骨をみても、不思議と怖いと思ったことはない。どれほど長い時間墓地で過ごそうが、幸か不幸か幽霊に出会ったこともない。しかし物言わぬ墓石や供養塔を前にして、死に対して昔の人が抱いた深い悲しみや、非業の死を遂げた者に対する恐れを感じることはある。次に紹介するのはそうした例の一つである。

青森市役所浪岡《なみおか》庁舎から青森空港に向かって県道を進むと、史跡浪岡城跡を過ぎた辺りに五本松の集落がある。五本松地区の共同墓地にある飢饉供養塔は、天明の飢饉から四〇年以上経過した文政一三年（一八三〇）、五本松村の人々によって建てられた（図16）。この供養塔には、飢饉の最中の天明四年（一七八四）正月六日に死亡した久右衛門夫婦以下家族八名と久助夫婦以下家族四名、合計一二名の名前が刻まれている。一般に、飢饉供養塔は縁のある人もない人も分け隔てなく、犠牲者全般のために建てられるもので、特定の犠牲者の名前が刻まれているのは大変珍しい。この供養塔からは、村の人々が久右衛門と久助の二家族一二名の死を忘れがたい悲劇として長い間記憶していたことが窺える。

この供養塔の周りには無縁となった三基の墓石（A〜C）が転がっているが、三基とも天明四年正月六日の日付が刻まれている。そう、久右衛門や久助の家族が死亡した日である。そのなかの一つ墓石Aにはなんと、久助の家族四人の名前が刻まれているではないか。

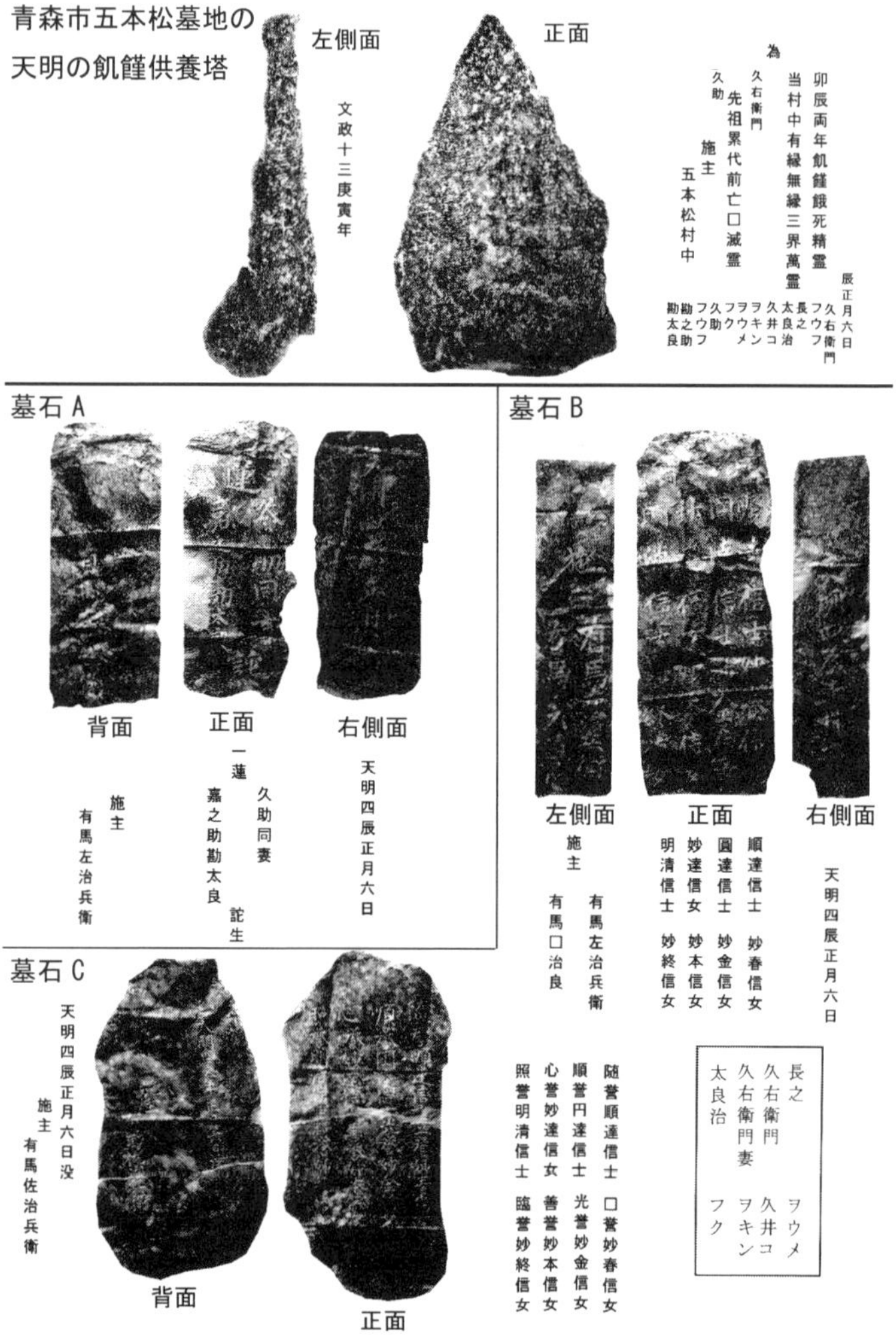

図16　天明の飢饉の犠牲者の供養塔と墓石

もしやと思い、残る二基の墓石をみると、俗名こそないものの、どちらも男性三名と女性五名、計八名の大人の戒名が刻まれていた。供養塔にある久右衛門の家族も男三名、女五名である。この二基の墓石は、久右衛門一家八名のものとみてほぼ間違いない。墓石がいつ建てられたかは不明だが、久右衛門一家については、供養塔の他に二基の墓石が、久助一家についても供養塔の他に墓石が一基建てられたことになる。久右衛門一家のものと思われる墓石Bに刻まれた戒名は、男性が二文字信士、女性が二文字信女なのに対して、墓石Cでは男性は四文字信士、女性も四文字信女に格が上がっている。墓石Bが先に建てられ、後に戒名の格が引き上げられてから、墓石Cが建てられたとみてよいだろう。

この二つの家族は余程手厚く供養されねばならなかったのであろう。この二家族は天明の飢饉で一家全滅したと考えられる。おそらく五本松村の人たちにとって、久右衛門一家と久助一家の死は、天明の飢饉を象徴する最も悲惨な出来事だったのであろう。手厚く供養しなければ祟《たた》るかもしれないと恐れられていたに違いない。この調査の時ばかりは、遙か二〇〇年以上も昔に生きた人々が抱いた深い悲しみと恐れが伝わり、背筋が寒くなった。

布教と飢饉供養

悲しいかな、どんな悲惨な出来事も時間の経過とともにその記憶は風化を免れない。飢饉も津波も戦争も、時が経つにつれ悲しみ以外のさまざまな感情が交差するようになる。飢饉供養塔を建てる主な理由は、犠牲者の供養と後

図17　道標を兼ねた飢饉供養塔

世への戒めだが、もっと現実的な動機が垣間見られることもある。

その一つが布教活動の一環として建てられた飢饉供養塔である。仏教の宗派によっては、高僧の徳を偲《しの》び顕彰するため、没後何年という形で遠忌《おんき》碑と呼ばれる石碑を建てることがある。津軽にも遠忌碑を兼ねた天明の飢饉供養塔が三基ある。そのうちの二基は日蓮宗の開祖日蓮上人の五五〇遠忌を、残る一基は浄土宗を開いた法然上人の六〇〇遠忌の記念碑を兼ねている。日蓮上人の遠忌碑を兼ねた飢饉供養塔は二基とも田舎館村にある。他にも田舎館村や隣の黒石《くろいし》市内には日蓮宗の信者により建てられた飢饉供養塔が目立つ。

田舎館から黒石に向かう旧道沿い、黒石市追子野木《おっこのき》の道端に立つ飢饉供養塔もその一つである（図17）。この供養塔は道標を兼ねており、正面中央に日蓮宗に特有の髭題目《ひげだいもく》と呼ばれる特徴ある字体で「南無妙法蓮華経」、その下に「右十二河原、左弘前街道」と刻まれている。十二河原は現在の田舎館村十二川原地区を指す。一見したところ、単なる道標にしか見えないが、右側面には「文化六年冬十一月黒石妙経寺日宣建之」「為国中卯辰両年餓死精霊廿七回忌追善」とあり、天明の飢饉の二七回忌にあたる文化六年（一八〇九）、黒石の日蓮宗法輪山妙経寺《みょうきょうじ》住職の日宣が、餓死者の供養と道標を兼ねて建てたことが判る。日宣は上手く考えたものだ。人目につく道端に、人々の役に立つ道標と、飢饉の犠牲者の供養を兼ねた石碑を建てれば、道行く人は皆、有り難がるに決まっている。

同じ黒石市追子野木には、天明の飢饉の二三回忌に当たる文化三年（一八〇六）三月、日宣の指導により、この地区に住む日蓮宗の信者たちが建てた天明の飢饉供養塔がある。日宣が黒石妙経寺に移る前に住職を務めていた五所川原《ごしょがわら》の日蓮宗隆光山法永寺《ほうえいじ》に建てた「郡中卯辰凶災餓死亡霊廿三回忌」の供養塔には、「村内安全」の文字がみられる。死者の供養も大事だが、現在生きている者の生活も大事。五所川原でも黒石でも日宣はそう考えていたに違いない。日宣は宗教者としては、かなり遣り手の人だったと思われる。晩年は黒石の市街地から東へ約八キロ、八甲田山《はっこうださん》の裾野にある法峠《ほうとうげ》の山中に籠もり、そこを拠点に活発な布教活動を展開した。しかし、文政九年（一八二六）、突然の惨劇が日宣を襲う。法峠で木造《きづくり》出身の銀蔵による死者四名、重軽傷者二名の強盗殺人事件が起き、日宣はまさかりで頭を殴られ即死する。享年七〇歳であった。

天保の飢饉による津軽地方の人的被害は、天保三年（一八三二）から九年までの七年間で、死者三万五六一六人、他領への逃散者四万七〇四三人と記録されている（『津軽歴代記類』）。青森県内で確認した天保の飢饉供養塔は、津軽地方四基、南部地方五基の計九基であり、天明の飢饉供養塔の一割に満たない。

天保飢饉供養塔と人々の連携

津軽に天保の飢饉供養塔が少ない理由を考える上で鍵となるのが、嘉永六年（一八五三）に弘前城下の専修寺に建てられた巨大な供養塔である（図18）。前述の通り、この場所には元禄の飢饉の際にも藩の施粥小屋が置かれ、犠牲者の埋葬地の上に供養塔が建てられた。

弘前市指定文化財である専修寺の天保の飢饉供養塔は、高さ三・三六メートル、幅一・八メートル、厚さ一・一八メートルもの巨石が使われている。この供養塔は工藤慶助と松嶋伊兵衛の発願で、弘前の大商人三国屋久左衛門こと工藤惟徳以下四名を施主に、和徳町の若者講中らが世話人を務めて、弘前周辺の四〇町村六三九〇名が手伝って造立された。手伝いを出した町村は、南北約一〇キロメートル、東西約一八キロメートルの範囲に及ぶ。

前述の通り、天明の飢饉に関しては、中畑正林庵の供養塔を除き、他は全て三ヶ村以下で造立されていた。違いは、単に供養塔の造立に加わった村の数だけではない。より根本

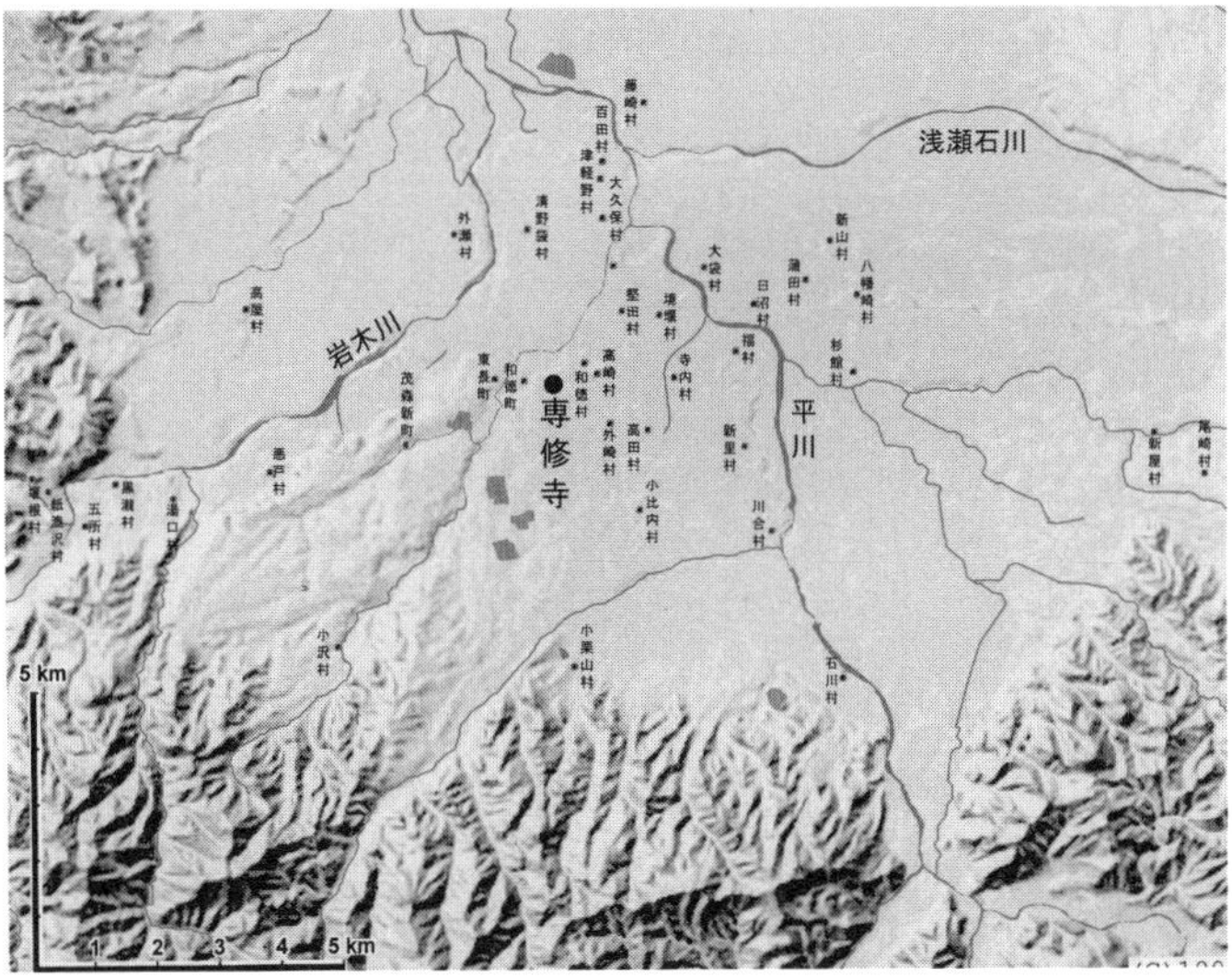

図18　弘前市専修寺の天保の飢饉供養塔と造営に参加した村

的な違いは、天明の飢饉供養塔の場合、町村という地域共同体自体が施主であったのに対して、和徳専修寺の天保飢饉供養塔は、地元の有力者の呼びかけで、大商人が資金を提供し、それに答える形で、広範囲から労働力を提供すべく人が集まっている点にある。すなわち、専修寺の天保飢饉供養塔の場合、町村毎に手伝い人数が集計され、その数が碑面には刻まれてはいるものの、町や村といった地域共同体が造立に何らかの役割を果たしているわけではない。地域共同体が前面に出ることはなく、また藩が関与することもない。施主である弘前の大商人からなにがしかの報酬は受けたかも知れないが、基本的には供養に参加したいと願う多くの人々の姿を読みとることができよう。

専修寺の供養塔は、村や講といった既存の組織によらず、飢饉の犠牲者の供養を目的として、従来の集団的枠組みを大きく越えた「運動」が展開したことを示すモニュメントである。天保期には人々が地域共同体の枠を超えて横に連繫する新たな動きがみてとれる。

江戸の天保飢饉供養塔

天保の飢饉は、天保四年（一八三三）・同七年・同九年が大凶作と、飢饉が長期化、広域化したことや、年により地域により被害の程度に著しい差がみられた点に特徴がある。天保の飢饉が起きた一九世紀には農村にも商品貨幣経済が深く浸透し、貧富の差が拡大、農村の荒廃が目立つ一方、織物業や醸造業などで在郷町が発達した。餓えた大量の難民が都市部へ流入するとともに、全国的な米価の高騰により各地で一揆や打ちこわしが頻発し、治安が悪化した。

幕府は、浜御殿《はまごてん》や江戸城の堀の浚渫《しゅんせつ》、小石川養生所《こいしかわようじょうしょ》の修理などの公共事業で困窮する町人に仕事を与える一方、天保七年一〇月、神田佐久間町に御救《おすくい》小屋を建て、江戸生まれの困窮者を収容した。江戸へ流入し続ける大量の難民に対処すべく、天保八年三月には五街道の江戸への入口である、品川・板橋・千住《せんじゅ》・内藤新宿に御救小屋を建て、直ちに収容することが決定されたが、御救小屋では体力の衰えた人々が病に斃《たお》れ多くの死者が発生した。江戸では日本橋から北へ二里、奥州道中・日光道中の最初の宿場である千住宿と、中山道中の最初の宿場で、川越街道の起点でもあった板橋宿に飢饉供養塔が建てられた。

東京都足立区千住の真言宗氷川山地蔵院金蔵寺には区の有形文化財に登録されている天保の飢饉供養塔がある（図19）。総高二〇五センチメートル、伊豆石製の丘状頭角柱形の供養塔で、天保一一年（一八四〇）七月に、千住宿の永野長右衛門ら七名と若者中が世話人となって建てられた。撰文と書は東海扶蒼なる人物が行った。台石には千住宿のみならず、田原町（台東区西浅草）・下谷金杉町《したやかなすぎ》（台東区三ノ輪一丁目）・山谷町（台東区清川・日本堤・東浅草）・赤坂田町（港区赤坂）・根津《ねづ》（文京区根津）・谷中茶屋町《やなかちゃや》（台東区谷中六・七丁目）・本所吉田町（墨田区石原四丁目）・砂村（江東区北砂・東砂・南砂）・八条領川崎村（埼玉県草加市）などに住む人々の名前が刻まれており、本供養塔の造立に江戸とその周辺に住む多くの人が関わっていたことが判る。棹石《さおいし》は正面に無縁塔と刻み、左側面には千住宿に設けられた御救小屋での死者数や埋葬地の実態を示す次の詳細な碑文がある。

ひとの世にある誰か生の始めを知って又それ誰か死の終を知るや時維天保八年のとしその年のいかなる年にや有けむ餓《うえ》て下民に食なし忝《かたじけなく》も　上救屋を造て扶《たすけ》させ給《たまう》といへども或疲或病て此地に死せる者八百二十八人他に数ふるいとまあらず三百二十一人を勝専寺に葬六十一人を慈眼寺に葬七十六人を不動院に葬三百七十人を金蔵寺に葬憐むべし四海皆兄弟ならなくてぞ人は恋しきものを加ふれば　御代に残れる幸を知らむ恵の灯をかかげて此のなき人らが霊を弔ふ無縁

図19　千住宿金蔵寺の天保飢饉供養塔

の塔と記し侍れど繋縁法界の心にもせめてはかないざるべきにや

消えて行く　露のやどりに　あだし名の　何忘草　何忘草

（右の碑文は足立区教育委員会『足立区文化財調査報告書』、一九七一年を参考とした）

碑文の最後に記された追善《ついぜん》の和歌には、朝露のように儚《はかな》く消えた飢饉の犠牲者のことを決して忘れまいとする人々の思いが込められている。

東京大仏で知られる東京都板橋区赤塚の浄土宗赤塚山慶学院乗蓮寺《じょうれんじ》には区の有形文化財に登録されている天保の飢饉供養塔がある（図20）。乗蓮寺はもともと板橋仲宿にあり、板橋宿に設けられた御救小屋で亡くなった人々の埋葬地であった。飢饉供養塔は、首都高

図20　板橋宿乗蓮寺の天保飢饉供養塔

速道路の建設と国道一七号線の拡幅に伴い、一九七三年に寺とともに現在地に移された。

供養塔は総高三四四センチメートル、伊豆石製で、三段の基礎石の上に台石と直方体の棹石が載る。棹石は正面と両側面の三面に、浄土宗大本山増上寺《ぞうじようじ》三六世法主祐天の書による名号を彫り、台石の正面に「諸縁供養之塔」と刻む。台石背面の刻字から、供養塔は、飢饉の最中の天保八年（一八三七）七月、乗蓮寺の一七世撮誉行阿と弟子の駒込常徳寺《こまごめじようとくじ》の名誉教順・駒込専念寺の知誉霊忍・得誉忍定・猛誉行勇・即誉忍教によって建てられ、製作者は駒込浅嘉町《あさかまち》の石工和泉屋幾次郎と判る。

上台石と中台石には、天保八年三月から一一月までの間に死亡した男性三三三名、女性四九名、子ども四一名の合計四二三名の戒名が刻まれている。注目すべきは次に示す棹石背面の碑文である。

夫《それ》奢に長ずる時は天の是を戒むるにや天保丙申といへる歳時気調ハず五穀不成にして
万民
飢餓に苦ミ愛を忘れ子をすて路傍に倒れ悩むありさま浅間敷《あさましき》こそ思ハるれ　公よりも
救民の
仁政を施し玉ふこと夥《おびただ》し　今年丁酉と改まれども其艱難《かんなん》いまだ解ずして餓死するも
の数をしらず

かさねて公よりも処々に仮家を設け扶助を玉ハるとハいへども宿世の業報《ごうほう》尽さるにや流行の
病に侵され落命するもの亦《また》少なからず爰《ここ》に板橋駅山中の原にて死する者数百人当山に
埋葬す其
追福の為に一碑を基立し兼て後世の驕奢を禁んと其顚末を記す事　爾天保八丁酉八月
孤雲山十七主撮誉識

碑文の最後に記されているように、供養塔には飢饉の犠牲者の供養とともに、後世の人々に向け驕奢の戒めが込められている。現在この供養塔は、関東大震災や東京大空襲などの悲惨な災厄が再び起きないようにとの願いが込められた東京大仏に見守られる位置に立つ。碑文を記した乗蓮寺一七世撮誉行阿の想いは一八〇年以上たった今も受け継がれている。

享保の飢饉と西日本

長雨とウンカ

享保一七年（一七三二）の夏、西日本一帯で梅雨からの長雨が二ヶ月近く続いた。長雨による低温障害と東シナ海で発生した南西風（下層ジェット気流）にのって中国大陸から飛来したウンカによる被害（「蝗害《こうがい》」）が重なり、瀬戸内海沿岸でコメの収穫量が平年の四分の一以下にまで落ち込むなど、広域で不作となった。前年には米価の低落で年貢収入の換金に支障を来たしていた武士の救済と、彼らの購買力による景気浮揚を目的として、買米令による米価引き上げ策が行われていたが、この年の西日本での大不作を受け、米価は一転高騰し、翌年正月には江戸で初めての大規模な打ちこわしが起きた。

享保の飢饉をもたらしたウンカは、江戸時代には蝗（イナムシ・オオネムシ）と呼ばれた。ウンカは、体長四ミリメートル程度のイネにつく害虫で、トビイロウンカ、セジロウンカ、ヒメトビウンカの三種が知られる。トビイロウンカとセジロウンカは日本国内では越冬できず、梅雨の時期に中国大陸から西日本へ飛来し、イネに寄生する。増殖率の高いトビイロウンカはイネの茎や葉にストロー状の口針を刺して吸汁し、イネに吸汁害を起こす。イネはウンカの生息密度が高いところから「坪枯れ」し始め、やがて周辺へと拡大する。一方セジロウンカはウイルス病であるイネ南方黒すじ萎縮病を媒介し、イネに葉先のねじれ、株の萎縮、葉脈の隆起といった障害を引き起こす。享保の飢饉の際には、六月初めから九州地方でセジロウンカが大量発生し、同月中旬には株絶えと呼ばれるような被害が現れていた。七月半ばにはトビイロウンカが異常発生し、西日本一帯に被害を及ぼした。

ウンカによる被害は明治以降も西日本を中心でたびたび発生しており、明治三〇年（一八九七）、昭和一五年（一九四〇）、同四一年には大幅な減収となった。一九九〇年代以降は苗箱施用薬剤の使用でウンカの発生は抑えられてきたが、二〇〇五年頃からは薬剤に耐性を示すウンカが増えはじめ、再び被害がみられるようになった。

一六世紀頃から日本各地で害虫の退散や鎮静を集団で神仏に祈る虫送り（虫追い・実盛《さねもり》送り）行事がみられたが、一六七〇年代には筑紫で鯨油を水田に注ぎ、イネから叩き落したウンカを油膜で包んで動けないようにするとともに気門をふさいで窒息させる方法が開発され、享保の飢饉以降、各地に広まった。

享保の飢饉の犠牲者数

享保の飢饉は江戸の三大飢饉にもかかわらず、江戸後期に発生した天明や天保の飢饉に比べ史料が少ないため、被害の全体像がよくわかっていない。人的被害については、一九世紀前半に編纂された江戸幕府の公式史書である『御実紀（徳川実紀）』のうち、八代将軍徳川吉宗の代を記した「有徳院殿御実紀」の享保一八年（一七三三）正月晦日条の「すべて山陽。西海。四国等にて。餓死するもの九十六万九千九百人とぞ聞えし。」との記述が知られている。一方で、享保の飢饉に際して西国の大名からの報告や幕府が行った救済策などについて書き留めた『虫附損毛留書』に記された享保一七年一一月二五日から翌一八年四月二六日までの期間の餓死人の合計は一万二一七二人である。両者の数値はひどくかけ離れている。安永八年（一七七九）頃から文政三年（一八二〇）までの見聞や古今和漢の抜書、手記などをまとめた大田南畝の『一話一言』の「享保十七飢饉」の項には「近く尋るに享保十七壬子の歳、西海道の疫癘と歎飢に、豊前小倉の内男女七万人の疫餓死あり、肥前佐賀の内男女十二万余口の疫餓死あり、又筑前国内凡三十六万七千八百余口の中、男女疫餓の死人九万六千七百二十口と記せるとかや」とある。

菊池勇夫氏は『徳川実紀』の餓死人数九六万九九〇〇人が『虫附損毛留書』の「飢人餓

死人斃牛馬之書付之分」に記載された飢人「九拾六万九千九百四拾六人」に類似することから餓死人ではなく飢人の数を示すと指摘する一方、『虫附損毛留書』に書き上げられた餓死人数は、幕府からの非難を恐れた大名が過少報告したとの見方を示している（菊池勇夫『近世の飢饉』吉川弘文館、一九九七年）。『虫附損毛留書』の過少報告については、他にも多くの研究者が指摘するところである（荒川秀俊『飢饉』教育社、一九七九年、中嶋陽一郎『飢饉日本史』雄山閣出版、一九九六年）。大田南畝の『一話一言』が正しいとすれば、肥前・豊前・筑前の三国だけで餓死者・疫病死者合わせて二八万六〇〇〇人を超す犠牲者がでていたことになる。一体、享保の飢饉による人的被害はどれほどなのか。大田南畝の『一話一言』で疫餓死者数が挙げられている福岡・佐賀両県の飢饉供養塔をみてみよう。

福岡県の飢饉供養塔

筑前福岡藩では、享保の飢饉により田方四二万六六〇〇石余が「虫付腐捨り」となり、収穫高はわずか四万三二〇〇石に止まったという（「黒田新続家譜」巻之二四、享保一七年九月二九日条）。幕府に対して減収高を過剰申告している可能性もあり、額面通り受け取るのは危険だが、大幅な減収であったことは間違いないだろう。享保の飢饉における福岡藩領内での人的被害状況は、史料により大きな違いがあるが、全人口の約二割にあたる六〜七万人が死亡した可能性が高いとされる（柴多一雄「享保の飢饉と藩体制の転換—福岡藩を中心に—」『九州文化史研究所紀要』三九、一

図21　川端飢人地蔵堂と地蔵尊

九九四年）。福岡藩の中心地博多の被害については、『筑前続風土記』に記された元禄三年（一六九〇）と元文二年（一七三七）の人口差から、人口約一万九五〇〇人に対して約三割に当たる六〇〇〇人が死亡したと見積もられている（山崎藤四郎編『石城遺聞』三養堂、一八九〇年）。

　九州一の繁華街福岡市中洲の東を流れる博多川沿いにある川端飢人《かわばたうえにん》地蔵尊は、享保の飢饉の犠牲者を供養するため餓死者埋葬地付近に建てられたと伝えられる（図21）。花崗岩製の地蔵尊は本体八〇センチメートル、台石を含めた総高は約一七〇センチメートルで、銘文はみられない。「仏寺台帳」には由緒として「享保子丑両年餓死横死之群霊を祭り来り、天明元年藩主より弔あり、其後は上新川端町及近町五ヶ町より毎年陰暦七月二十四日を大祭日と定め、施餓鬼《せがき》法要せり」とある（藤野達善『飢人地蔵物語』、一九

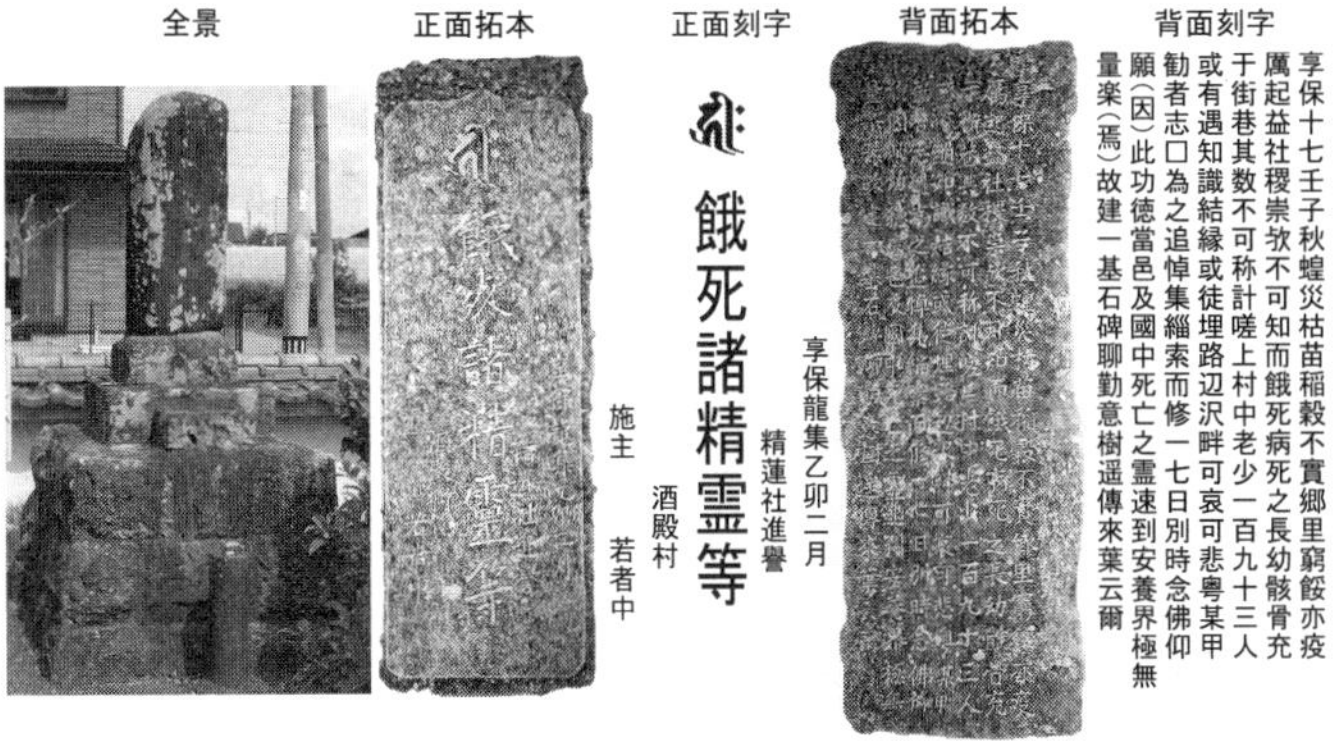
全景
正面拓本
正面刻字
餓死諸精霊等
享保龍集乙卯二月
精蓮社進誉
酒殿村
施主　若者中
背面拓本
背面刻字
享保十七壬子秋蝗災枯苗稲穀不實郷里窮餒亦疫
癘起益社稷崇敬不可知而餓死病死之長幼骸骨充
于街巷其数不可称計嗟上村中老少一百九十三人
或有遇知識結縁或徒埋路辺沢畔可哀可悲粤某甲
勧者志口為之追悼集緇索而修一七日別時念佛仰
願（因）此功徳當邑及國中死亡之霊速到安養界極無
量楽（焉）故建一基石碑聊勧意樹遥傳来葉云爾

図22　百人塚に建つ飢饉供養塔

八五年）。福岡周辺では、地蔵に限らず享保の飢饉供養塔全般を「飢人地蔵」と呼ぶことがあり、その数は福岡市内だけで一八にのぼる（おぎのいずみ「飢人地蔵と飢饉」『石風』二二、二〇〇二年）。

大正三年（一九一四）年に改築された川端飢人地蔵堂は、昭和二〇年（一九四五）の空襲で焼け残り、今もなお地元の上川端通地蔵組合の人々によって大切に守られている。毎年八月二三・二四日に開催される「飢人地蔵祭り」は博多川沿いに赤いのぼりと提灯が飾られ、川面に響く「コンコンコン・カン」という独特の鉦《かね》の音が、飢饉の犠牲者の霊を慰め続けている。

福岡県粕屋《かすや》町酒殿《さかど》の浄土宗徳鳳山泉蔵寺《せんぞうじ》境内にある享保の飢饉供養塔（町指定文化財）は、享保二〇年（一七三五）、地元酒殿村の若者が施主となり建てられた（図22）。供養を行ったのは、泉蔵寺の一

正面　　背面

背面刻字

享保十七年九州大饑本州最甚田卒為汗菜餓孚相望於
道者數萬人翌年罹疫死者亦數万人闔口死者至十萬人
云三笠郡乙金村保正高原善一郎義武方飢歳適有天幸私田
奇贏則數口足無以飢矣里中死者五十餘人善一郎躬自黽
勉為之營葬數年後隣里枯骨暴露于中野者極多躬自口
拾穿壙掩骼乃請僧侶使誦経以助冥福但承凶荒凋弊餘
不遑及建片碑是歳値其百年忌辰　官與白金若干於各
郡寺院使以莫其厲鬼郡廳亦興銀以助焉善一郎子和作其
子善四郎為里保正数年矣告老後再為大利村保正以其
當有功為大保正刊年殆七十尚克軽健其子善蔵為今保
正能継父祖志欲建片碑以紀其事併請僧侶誦経以為冥
資初私田奇贏則數口足以無飢者雖有天幸乎抑積善
陰騭之所致歟不然何以世世子孫
為里保正如斯其久乎口

図23　名主が建てた餓死枯骨塔

二世精蓮社進誉恵達光蒙和尚である。棹石は高さ一〇二センチメートルの自然石で、正面には額縁内に阿弥陀如来を示す種字キリークと「餓死書精霊等」、背面には飢饉の生々しい様相と供養塔建立の経緯が記されている。供養塔のある場所は現在でも「百人塚」や「飢人塚」と呼ばれており、犠牲者の埋葬地であったと考えられる。享保の飢饉供養塔の側には、同じく享保の飢饉の犠牲者の霊を慰めるべく地元の青年たちが大正元年（一九一二）と昭和六年（一九三一）に建てた供養塔がある。享保の飢饉の記憶が近代以降も人々に長く語り継がれていることを示す事例の一つといえよう。

　福岡県大《おお》野《の》城《じょう》市乙金《おとがな》の高原家墓所にある「享保子丑餓死枯骨塔」は、享保の飢饉の百回忌に当たる天保二年（一八三一）に、乙金村の保正《ほせい》（名主）の高原善蔵が、犠牲者の供養と、救民活動を行った先祖の事蹟を後世に伝えることを兼ねて建てたものである（図23）。

供養塔は高さ一〇八センチメートルの自然石を使い、正面・右側面・背面に文字が刻まれている。背面の碑文では最初に「享保十七年九州大いに饑《う》え、本州最も甚し、田卒汗菜（稲が実らず野菜は枯れる）となり、餓孚《がひょう》（餓死者）道に相望む者数万人、翌年疫（伝染病）に罹《かか》りて死する者亦数万人、闔国《こうこく》（国中）の死者十万人に至るという」と、飢饉の惨状が述べられる。次いで高原家による飢饉の供養が記されている。それによれば、享保の飢饉による乙金村の死者は五〇名で、彼らの遺骸は善蔵の曽祖父で名主の善一郎美徳によって埋葬された。善一郎は数年間も放置されたままであった隣村からの行き倒れの枯骨も自ら穴を掘って埋葬し、僧侶に読経を依頼した。百回忌には藩から寺院に回向料が支給され、供養が執り行われた。善一郎の曽孫で名主の善蔵は、父和作・祖父善一郎の遺志を継ぎ、この供養塔を建て供養した。なお、寛保二年（一七四二）には名主善一郎が飢饉に備える費用をねん出するため藩有林五三町余の払い下げを受けており、善蔵も文政四年（一八二一）に救民仕組を願い出て一一年まで実施している。

佐賀県の飢饉供養塔

肥前佐賀藩では享保一七年（一七三二）の六月中旬からウンカの被害が出始め、七月には全域へと拡大した。領内のいたるところに飢饉の犠牲者の死骸が散乱する惨状を憂いた藩主鍋島宗茂《なべしまむねしげ》は、翌年五月、城下にある黄檗

正面刻字

碑誌
夫盛衰者衆生之業感而宿因最薄則必遇非常之變矣去歳壬子西
海道田稼蝗災至于今茲春黎民之困苦不可勝言嗚呼時耶命耶

三界萬霊六道四生等

深江氏領内老少男女病死餓死者百八十人於是　領主不堪哀憐
建一箇石塔倶會䰟於一處爲抜苦與楽之資云爾
旹享保十八龍集癸丑晩冬臘日　當山十二世諦蓮社誠譽誌焉

正面

図24　領主が建てた飢饉供養塔

宗宝寿山仏心寺《ぶっしんじ》の活心和尚に藩内横死者菩提のための大施餓鬼会《おおせがきえ》を命じるとともに、一週間境内に祭壇を設けさせ、藩士はもとより広く領民に参詣するよう布達した（佐々木雄堂「佐賀藩に於ける享保凶饉考」『肥前史談』八—三、一九三五年）。寛保元年（一七四一）には六代藩主鍋島宗教《むねのり》の命で、横死者の冥福を祈り、仏心寺境内に漢詩人として名高い元皓大潮《げんこうだいちょう》和尚の書による供養塔が建てられた（現在仏心寺にある「本州庶民餓死者累葬之墓」は明治時代に再建されたもの）。

佐賀県鹿島市の浄土宗光明山源昌寺《げんしょうじ》境内にある三界万霊六道四生《さんがいばんれいろくどうししょう》等供養塔は、鎌倉時代以来この地方を支配し、江戸時代には佐賀藩の要職にあった深江氏が、享保の飢饉の際に知行地の深江で病死・餓死した一八〇人を哀れみ、飢饉の翌年の一二月、菩提寺に建てたもので、領主層による撫民策の現われといえる（図24）。

正面

左側面刻字　正面刻字　右側面刻字　背面刻字

背面刻字
後經星霜事四十有九
當安永九庚子田虫頻奮
惱人魂歎餘建石祠有
神霊擁護者後歳必

右側面刻字
毒虫退治耕作豊饒也
仍新奉勸請志願如上
金泉寺
法印賢長代

正面刻字
五穀善神

左側面刻字
爲建立旨趣者昔年
享保十七壬子大凶年

上台石正面刻字
大宮司
枚本太門
庄屋
江口益左ヱ門
横目
松尾仁左ヱ門
咾　惣八
咾　宦兵ヱ
咾長左ヱ門
咾善左ヱ門

図25　ウンカ退治と五穀豊穣祈願の石祠

佐賀県太良《たら》町多良の川上神社跡地にある五穀善神を祀った祠は、享保の飢饉の五〇回忌にあたる安永九年（一七八〇）、再びこの地方を襲ったウンカの退治と、五穀豊穣を祈願するため、地元の有力者である大宮司・庄屋・横目《よこめ》（村目付）五名の計七名により建てられた（図25）。繰り返されるウンカの被害を前にして、享保の飢饉を忘れることなく「毒虫退治耕作豊饒」を祈願した記念物である。同様の石造物は、大分県豊後大野《ぶんごおおの》市犬飼《いぬかい》町田原上重にある「胎卵湿化不被何益　蝗虫永滅秋成年豊」の文字を刻んだ宝篋印陀羅《ほうきょういんだら》尼《に》供養塔（安永八年〈一七七九〉）、長崎県諫《いさ》早《はや》市本明《ほんみょう》の「除蝗《じょこう》神」（文久三年〈一八六三〉）、同市飯森町後田《うしろだ》神社の「螽除《いなごよけ》大明神」（慶応四年〈一八六八〉）などがある（藤野

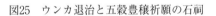

達善『飢人地蔵物語』、一九八五年）。

義農之墓

『虫附損毛留書』に収められている西日本の各藩から幕府に提出された被害状況報告によれば、伊予松山藩における享保一七年（一七三二）の年貢収穫高は皆無で、被害の大きかった伊予八藩のなかでも最悪の状況であった。松山藩の人的被害状況については、同じく『虫附損毛留書』に、藩から直接老中へ報告した数値として餓死人三四八九人（一一月一九日付）、「京大坂其外所々より来状留」の数値として五七〇五人（一二月一三日付）の記載がみられるが、それは実態とかけ離れた少ない数値と考えられている（高市晋「享保の飢饉における餓死人について──『虫附損毛留書』の検討を中心に──」『人文学論叢』四、愛媛大学人文学会、二〇〇二年）。とはいえ、同じ『虫附損毛留書』に記録された西日本の大名三九家における餓死者の総計一万二一七二人と比較した場合、結果的には松山藩の人的被害が西日本全体の半数近くを占めるとの報告がなされたことになる。松山藩も他の西日本の藩同様、幕府からの非難を恐れて飢饉による人的被害を過少報告したのだが、他の藩はそれ以上に数字を少なく操作していたのである。報告から間もない享保一七年一二月一九日、松山藩五代藩主松平《まつだいら》（久松《ひさまつ》）定英《さだひで》は幕府からその責任を問われ、出仕停止を命ぜられた（「有徳院殿御実紀」）。翌年四月一九日に許され謹慎が解かれるものの、約一ヶ月後の五月二一日、定英は江戸松山藩邸愛宕《あたご》下上屋敷において、

義農姓某名某稱作兵衛伊豫國松山府之下邑筒井農夫也禀性朴實剛介素勵其業
焉享保十七年秋蝗為災甚郡邑救荒之政不暇施捨嚢而離散者尤多矣作兵衛獨憂
麥田之不易奮然忍餓餓自耕数十畝将播麥種精力衰耗根狽還家困頓特甚遂潰死
隣人諭曰子之命在且暮而有麥種滿嚢中者盈食之而免死乎作兵衛怫然作色曰吾
食不可食之食則何有至于此也夫百穀播種而納租税者民之職也官費資焉君子禄
焉國人庇焉然則穀種之貴重非吾命之可此矣故民國之本穀種農之本也若肆然而
盡之則来歳将何以濟國用拒不食穀種則吾之志而竊欲以報國也吾守死而巳兵汝
勿復言氣息奄奄遂枕麥嚢而死矣則九月二十三日也國人感其義氣合稱曰義農同
邑老宿識作兵衛且記其事者今尚在焉頃郡官増田惟貞適省其墓詳其實以白于
官官憐恤作兵衛死且謂民風之所系恐口碑有時而亡為新其石勒其事毎歳興第一
包於其子孫給祭祀以旌異於閭里距死蓋四十五年云銘曰
匹夫有志　豈謂編氓
一時餓食　千載飽聲
嗚呼義農　以表後生
安永五年丙申夏六月奉
命建石勒銘
丹波成美謹誌

「義農之墓」背面碑文

作兵衛の墓石

「義農之墓」

義農作兵衛の銅像

図26　義農之墓と作兵衛の銅像

三八歳の若さで失意のあまり急死してしまう。享保の飢饉は松山藩にとって前代未聞の大惨事であると同時に、久松松平氏による治世に消し去りがたい「汚点」を残したのである。

愛媛県伊予郡松前《まさき》町筒井の義農《ぎのう》神社境内にある義農之墓は、享保の飢饉から四五年後の安永五年（一七七六）、享保の飢饉の犠牲となった筒井村の百姓作兵衛を顕彰するため、八代藩主松平定静《さだきよ》の命により建てられた（図26）。高さ二二〇センチメートル、幅一一〇センチメートル、厚さ五〇センチメートルもの大石を使い、正面に

「義農之墓」、背面には藩校明教館《めいきょうかん》教授の丹波成美が作成した作兵衛を顕彰する文章を刻む。碑文にはおおよそ次のようなことが記されている（現代語意訳）。

義農の姓名は不詳、通称は作兵衛で、伊予国松山藩筒井村の農夫であった。生まれつき素朴な人柄だったが体は丈夫で、農業に精を出して働いていた。さて、享保一七年の秋、ウンカによる災害が甚だしいため郡や村を救済する藩の政策は追いつかず、村を離れる者も多かった。作兵衛はひとりこの状態を憂いて、種麦を播くため自らを奮い起こし飢えを我慢して自ら数十畝耕した。しかし将《まさ》に種麦を播こうとした時、遂に勢力が尽きてしまった。どうにか家に戻ったものの衰弱が甚だしく、死ぬ一歩手前まで追い詰められた。見かねた隣人が「あなたの生命は尽きようとしている。袋の中にある麦の種を食べて死を免れなさい」と諭した。それを聞いた作兵衛は顔色を変えて怒り、「私は食べるべきではない。食べれば則ちどうして倒れることがあろうか。そもそも百穀の種を播き、そして租税を納めることは民の責務である。官費や役人の俸禄は民が収める租税で賄われるのであって、それによって人々は庇護されているのである。そうであるからこそ穀種の貴重さを私の命と比べることはできない。民は国の本、穀種は農の本である。もし勝手気儘《きまま》に、これを食べ尽くせば、来年はどのように して国用をなせるであろうか。穀種を食べないことは則ち私の志であり、国に報いようと密かに願っているのである。私は死を守るだけである。あなたは二度と私に種麦を食べなさいなどと言ってはいけない」といった。そして息も絶え絶えに種麦の入った袋を枕に死んでしまった。九月十三日のことである。人々はその義に感銘を受け、作兵衛を称えて義農と呼ぶようになった。筒井村の作兵衛のことをよく知り、彼のエピソードを書き留めている学徳を積んだ老人が今なお存在している。近頃、伊予郡の役人の増田惟貞がたまたま作兵衛の墓を視察し、事実を明らかにして役所に報告した。役所は作兵衛の死を憐み、人々の口碑がやがて失われることを恐れ、新たに石に作兵衛の事蹟を刻んだ。毎年米一包を作兵衛の子孫に与え、作兵衛の霊を祀らせた。作兵衛が村で死亡してから四五年という。銘文に曰く。

　たとえ身分の低い男でも志があればどうして単なる平民といえようか
　一時食に餓えようとも、長い年月にわたり名声に満たされるであろう
　ああ義農よ、その事蹟を後世に伝えるものである

安永五年丙申年（一七七六）夏六月
藩命よりに石を建て銘文を刻む。　丹波成美謹んで誌す。

碑文には、翌年の播種《はしゅ》用の種麦一斗を持ちながら、それを食することを拒み死んでいった作兵衛の行動を美化し、彼を義農として後世に伝えようとする為政者側の論理が貫かれ

ている。享保の飢饉から約半世紀を経た後も、藩主松平氏の側では依然として、その時に幕府から受けた「御呵《おしかり》」や「差控《さしひかえ》」（謹慎処分）を忘れることのできない不名誉として認識し続けており、そうした「負い目」を払拭すべくこの石碑が建てられたのであろう。すなわち、作兵衛の偉業を強調し、それを顕彰することで、多数の領民を見殺しにした事実から人々の視線を逸らし、犠牲となった領民を撫恤《ぶじゅつ》する領主像が創出されたのである。

作兵衛を顕彰する動きは、早くも彼の死の直後から始まっていた。作兵衛の死から三ヶ月後の一二月二四日には松山藩から一農民にすぎない作兵衛の墓石を製作するようにとの異例の指示が出された。とはいえ今も義農之墓の後ろに残るその墓石は、大きさ・形状・戒名ともごく一般的なものである。安永五年に行われた義農之墓の造立が作兵衛の神格化を決定づけたといってよいであろう。義農之墓造立後も藩から作兵衛の子孫に対する祭祀料の支給は行われ続け、文久元年（一八六一）には、領内諸郡より米一〇〇俵が寄附され、墓地、玉垣・石壇などの修理が行われている（久留侑子「松山地域における享保の飢饉の餓死者供養について」『地域創成研究年報』七、愛媛大学地域創成研究センター、二〇一二年）。

近代以降、義農作兵衛はさまざまな形で顕彰されるようになり、大正一一年（一九二二）には尋常小学校の修身の教科書に登場している。明治一四年（一八八一）に作兵衛を祭神として創建された義農神社の境内には、高浜虚子《たかはまきよし》の「義農名は作兵衛と申し国の秋」

の句碑をはじめ、星野哲郎作詞による水前寺清子《すいぜんじきよこ》の「義農作兵衛」の歌碑、同じく北島三郎の「男の劇場」の歌碑など、彼を顕彰する多くのモニュメントが所狭しと建てられている。昭和三三年（一九五八）には種麦の入った袋に片手をつき、今まさに息絶えようとしている作兵衛の銅像が作られた。銅像の台字を書いた愛媛県知事久松定武氏は、義農之墓の造立を命じた伊予松山藩主久松松平家の嫡流である。歴史は繋がっていると思わざるを得ない。

石に刻まれた地震・津波・噴火・水害の記憶

南海トラフ巨大地震と津波災害碑

津波を伝えるいしぶみ

二〇一一年の東日本大震災以降、全国的に津波碑に注目が集まっている。国土交通省の「津波被害・津波石碑情報アーカイブ」や防災技術研究所自然災害情報室の「三陸沿岸の津波碑」をはじめ、高知・徳島の地震津波碑紹介サイト「地震津波碑×デジタルアーカイブ」や徳島県防災危機管理情報安心徳島に連載された「南海地震を知る~徳島県の地震・津波碑~」等々、津波碑を紹介するウェブサイトは多い。国立民族学博物館でも津波災害にかかわる文化遺産の情報の集積庫として、「津波の記憶を刻む文化遺産―寺社・石碑データベース―」を公開し、情報の提供を呼び掛けている。また、国土地理院は過去に発生した津波・洪水・火山災害・土砂災害等の自然災害に係る事柄（災害の様相や被害の状況など）が記載されている石碑やモニュメント

（自然災害伝承碑）の位置や伝承内容を地方公共団体と連携して収集し、二〇一九年六月からウェブ地図「地理院地図」で公開を始めた。

こうした津波碑にいち早く注目したのが東京大学地震研究所の羽鳥徳太郎氏である。羽鳥氏は一九七〇年代後半から八〇年代前半にかけ、各地に残る津波碑を精力的に調査し、研究所の彙報に報告した。一九九五年の阪神・淡路大震災以降、災害史への関心が急速に高まるなか、二〇〇三年に相次いで開催された国立歴史民俗博物館の「ドキュメント災害史一七〇三―二〇〇三」や千葉県立安房博物館の「地震と津波」では、千葉県内に残る元禄地震の津波碑などが大きく取り上げられた。

現存する日本最古の津波碑は、徳島県美波町《みなみちょう》東由岐《ひがしゆき》にある「康暦碑《こうりやくひ》」（町指定文化財）とされる。この碑は、高さ一・六メートルの板状の砂岩に、釈迦三尊を示す種字と六〇余名の人名、「康暦二庚申霜月廿六日」の日付が刻まれている。正平一六年（一三六一）六月二四日に発生した正平南海地震で、石碑のある由岐周辺は、「阿波の雪（由岐）の湊と伝浦には、俄《にわか》に太山の如くなる潮張来て、在家一千七百余宇、悉《ことごとく》引塩に連て海底に沈しかば、家々に有所の僧俗、男女、牛馬・鶏犬、一も残らず底の藻屑と成《なり》にけり」（『太平記』）と大きな被害を受けている。石碑には地震や津波を指し示す文言は見られないが、正平南海地震の犠牲者を供養するため、銘に刻まれた人々が写経埋納した納経供養碑と推定されている。

正平南海地震は、フィリピン海プレートがユーラシアプレートと衝突してその下に沈み込む南海トラフと呼ばれる海溝を震源域とする地震である。南海トラフは駿河湾の奥、富士川の河口付近を起点として、東海沖から紀伊半島・四国・九州さらには琉球列島の南方海域にまで連なっている。南海トラフではおよそ一〇〇年から二〇〇年の周期でマグニチュード八クラスの巨大地震が発生しており、古記録に残るものだけでも、天武天皇一三年（六八四）一〇月一四日に発生した白鳳《はくほう》地震から昭和二一年（一九四六）一二月二一日の昭和南海地震まで九回を数える。南海トラフ巨大地震は、震源域が連動し、広域で断層の破壊が進むため、津波による甚大な被害を引き起こしてきた。

明応七年（一四九八）八月二五日に発生した東海道沖を震源域とする明応地震も南海巨大トラフ地震と考えられており、三重県津市にあった弘化三年（一八四六）建立の西来寺《さいらいじ》旧址地蔵堂碑には、明応地震の際の津波により三津七湊《さんしんしちそう》の一つ安濃津《あのつ》が壊滅的被害を受けたことが記されていた（石碑は一九四五年七月二八日の津空襲により滅失）。三重県・和歌山県・大阪府・徳島県・高知県には宝永南海地震や安政東南海地震の津波災害碑が残されている。以下では主に三重県内に残る江戸時代の地震災害碑から宝永南海地震と安政東南海地震についてみてみよう。

1 紀北町仏光寺経塚流死供養塔
（右：宝永 左：安政）
2 南伊勢町甘露寺三界万霊塔
3 南伊勢町最明寺 右：宝永大乗経碑
左：安政供養塔碑

図27　三重県内の南海トラフ巨大地震津波関連碑

宝永南海地震関連碑

宝永四年（一七〇七）一〇月四日一三時四七分頃、マグニチュード八・六の巨大地震が東海道・畿内・南海道を襲った。震度六の大きな揺れに見舞われた地域は、駿河以西の東海地方沿岸部から、大阪平野、奈良盆地、紀伊半島、四国、九州東部にまで及ぶ。地震による津波は東北地方北部から九州南部まで太平洋沿岸の広域に達し、紀伊半島や四国土佐の沿岸部ではとりわけ多数の犠牲者がでた。

三重県内で確認されている宝永南海地震関連の近世災害碑は八基で、建立目的別の内訳は、遺戒四基、供養三基、復興記念一基である（表2）。このうち最も古いのは地震発生の三年後の宝永七年に、紀北《きほく》町南長島の曹洞宗大嶋山仏光寺《ぶっこうじ》に建てられた経塚津波流死塔である。この石塔の隣には、後述する安政東南海地震の津波流死塔が並んで建っている（図27－1）。総高一二〇センチメートル、櫛形で、正面に「経塚 津波流死塔」とあり、左側面に次の銘文が刻まれている。

宝永四丁亥歳十月四日未上刻大地震直
津波入在中不残流失其上五百余人流死
仕候自今以後大地震時者覚悟可有事

銘文から南長島には地震直後に津波が来襲し、五〇〇人以上が溺死したことや、大地震の後には津波に備えるよう遺戒の意味を込めてこの碑が建てられたことがわかる。隣に建つ安政の経塚津波流死塔には、流出家屋四八〇軒、浸水家屋三一〇軒、流死者二三人とある。安政東南海地震津波に比べ、宝永南海地震津波の被害はさらに甚大だったのである。

種別	建立年月日
由　緒	弘化3年(1846) 3月19日
復興祈願	嘉永7年(1854) 8月28日
遺　戒	宝永7年(1710)
供　養	正徳3年(1713) 10月4日
供　養	享保4年(1719) 10月4日
供　養	享保8年(1723) 10月4日
遺　戒	元文4年(1739) 3月
復興記念	天保14年(1843) 9月
供　養	嘉永2年(1849) 7月
供　養	安政3年(1856) 10月
遺　戒	不　明
遺　戒	不　明
遺　戒	安政2年(1855) 5月
遺　戒	安政2年(1855) 7月
供　養	安政3年(1856) 10月
遺　戒	安政3年(1856)
遺　戒	安政4年(1857) 正月15日
供　養	安政4年(1857)
遺　戒	安政5年(1858) 5月
遺　戒	文久元年(1861) 正月
遺　戒	文久2年(1862) 正月
遺　戒	文久2年(1862) 5月
遺　戒	不　明
遺　戒	不　明
供　養	不　明
津波到達	不　明
津波到達	不　明

表2　三重県・和歌山県内にある地震関連近世石造物

地　震	名　称	所在地
明応7年 (1498) 8月25日	西来寺旧址地蔵堂碑	三重県津市乙部6-14・西来寺
慶長元年 (1596) 7月5日	奉拝御塔大日如来碑	三重県名張市箕曲中村・福成就寺
宝永南海地震 宝永4年 (1707) 10月4日	経塚津波流死塔 正徳三年経塚三界万霊塔 高波溺死霊魂之墓碑 宝篋印塔 三界万霊碑 徳田新田・禿松新田開墾碑 三界万霊碑 供養塔碑 大乗経碑 嘉永の津波供養碑	三重県紀北町南長島・仏光寺 三重県尾鷲市北浦町馬越墓地 和歌山県印南町印南・印定寺 和歌山県すさみ町周参見・万福寺 三重県南伊勢町古和浦・甘露寺 三重県伊勢市大湊町徳田新田 三重県尾鷲市中村山公園北麓 三重県南伊勢町贄浦・最明寺 同　上 三重県熊野市遊木町光明寺
安政東南海地震 嘉永7年 (1854) 11月4・5日	津波流倒記碑 津波流死塔 供養塔碑 大地震津波心得の記碑 為後鑒碑 安政四年津波流失塔 津波到達点碑 文久元年奉石書仏経宝塔 文久二年津波碑 津波之紀事碑 経塚津波流死塔 嘉永の津波供養碑 諸国大地震横死万霊塔 大津浪塩先□標 津波留	三重県志摩市越賀・大蔵寺 三重県大紀町錦・金蔵寺 三重県南伊勢町贄浦・最明寺 和歌山県湯浅町・深専寺 和歌山県すさみ町周参見・王子神社裏山 三重県鳥羽市国崎町・常福寺 三重県鳥羽市浦村町本浦・清岩庵 三重県紀北町渡利 三重県紀北町引本浦・吉祥院 和歌山県美浜町浜ノ瀬・恵比寿神社 三重県紀北町南長島・仏光寺 三重県熊野市遊木町・光明寺 三重県桑名市多度町下野代・徳蓮寺 三重県鳥羽市浦村町今浦・大江寺前 三重県熊野市新鹿町

三重県については新田康二『南海トラフ巨大地震関連石碑などの悉皆調査（三重県）』（科研報告書，2016年），和歌山県については海洋研究開発機構・和歌山県『和歌山県内の津波碑』（2016年）に基づき筆者作成．

南伊勢町古和浦《こわうら》の臨済宗大乗山甘露寺《かんろじ》にある、元文四年（一七三九）に古和浦の中町と下地《しもじ》町の念仏講中の人々によって建てられた三界万霊塔には、甘露寺の大鳳祖仙住職による次のような碑文が刻まれている（図27－2）。

于茲宝永四年丁亥十月四日未刻大地動海
水激発而白波滔留天簸簸揚於陸地三丈余矣故
怒濤到処民家一宇不残流亡溺死之老少男
女八十余員也到于後代若過於如此時節則
悉可登于人人屋上之山頂焉必向当山莫退
来矣高潮不移時半路而多失身命此故令知
来世之兒孫斯一大事而爰観縷誌焉云爾
元文四年屠維協洽暮春吉辰　当山現住
大鳳　祖仙謹誌

古和浦では三丈余（約九・一メートル）の津波が押し寄せ、民家は全て流され、八〇人以上が溺死した。この碑は、来世の兒孫《じそん》（後世の子孫）に大地震の後は津波に備えて高台にある甘露寺まで避難するよう伝えるために建てられたのである。

南伊勢町贄浦《にえうら》の臨済宗最明寺《さいみようじ》の門前には、宝永南海地震に関連する大乗経《だいじようきよう》碑と安政東南海地震に関連する供養塔が並んでいる（図27－3）。大乗経碑には次の碑文が刻まれている。

宝永四丁亥冬十月四日
午刻大地震之後高汐漲
起当浦家不残流出而男
女六十人計溺死也今此
経塚之所迄浪到也後来
若有大地震者必可知高
浪来也為役鑑記焉
為溺死亡霊菩提

贄浦でも家は全て流され、六〇人が溺死した。津波が到達した地点に溺死者を供養するため大乗経を納めた経塚が営まれ、その上にこの碑が建てられた。この碑は、犠牲者の供養と、後世の人々に津波の高さを伝えるメッセージを兼ねていたのである。この石碑の隣にある安政東南海地震の供養塔には溺死者三人とある。宝永に比べ死者が少ないのは、津波の規模の違いもあろうが、宝永の津波の教訓が生かされたのであろう。その意味で大乗経碑は、確かに後世の人々の命を救ったのである。

図28　三重県尾鷲市馬越墓地の三界万霊塔

世界遺産熊野古道のなかで、紀北町と尾鷲《おわせ》市の境界にある馬越《まごせ》峠ルートは、尾鷲ヒノキの美林の中に見事な石畳が続くことから人気が高い。尾鷲側の登山口にある馬越墓地には宝永南海地震に伴う津波犠牲者を弔うため、正徳三年（一七一三）に建てられた経塚三界万霊塔（県指定文化財）が建っている（図28）。総高一五〇センチメートル、櫛形の碑は、「男女老幼溺死者千有余人」を供養するための経塚の上に、尾鷲市野地町にあった良源寺《りょうげんじ》の絶岸《ぜつがん》和尚が建てたもので、碑文は紀北町船津にある曹洞宗永泉寺《えいせんじ》の師心和尚による。

三年後の宝永七年（一七一〇）幕府巡見使《じゅんけんし》に対する回答文や「見聞闕疑集《けんぶんけつぎしゅう》」には津波による尾鷲の犠牲者は五三〇人余りと書かれており、三界万霊塔の碑文に刻まれた数と相違する。実は巡検使への回答文には最も被害があったと思われる堀北浦《ほりきたうら》（尾鷲市中井浦）が含まれていない。堀北浦は正確な犠牲者数が把握できないほどの惨状であったのであろう。

この供養塔の横には、石でできた「ベンチ」と石仏を載せるための蓮華《れんげ》を象《かたど》った台座のようなものがある。三界万霊塔を調査した折、たまたま近所の方に声を掛けられ、会話のなかでその正体が分かった。馬越の墓地では、埋葬の際に「ベンチ」に見える台に葬具、蓮華座の上には骨壺を置き、三界万霊塔とそれらの周りを葬列が三回廻る習わしがあるとのこと。斜め向かいには死者を無事あの世に導いてくださる六地蔵もいらっしゃる。三界万霊塔が建てられてから三〇〇年以上たち、これが津波の犠牲者の供養塔であるとの認識は薄れたかもしれないが、死者を成仏させて下さる有難い石碑であることは、今もなおこの地の人々の記憶に残っているのである。時々、近所の子どもたちが「ベンチ」に座って遊んでいるそうだが、子どもの元気な姿に死者たちも微笑んで許してくれるに違いない。

　伊勢市大湊町の三重県下水道公社宮川浄化センターの傍に立つ徳田新田・禿松《かむろまつ》新田開墾碑は、天保の飢饉による米価高騰を受け、地元の有志が宝永の大津波で被災し荒野となっていた土地を開墾したことを記念して、天保一四年（一八四三）に建てられた（図29）。碑文中にみられる「宝永四年丁亥能《の》洪波千石余の田畝流出せしより人家次第に減少四百余成りぬ」や「彼宝永の洪波に流出せし徳田の地近年洲となり浅瀬となり」といった文言から、宝永の津波以前には千戸あった大湊村は被災後四〇〇戸余りに減少し、被災した田畑は天保年間に新たに新田開発されるまで、一三〇年余りにわたって荒野の状態のまま放置

図29　三重県伊勢市の徳田新田・禿松新田開墾碑

されていたことがわかる。

安政東南海地震関連碑

嘉永七年（一八五四）一一月四日の午前九時頃にマグニチュード八・四の安政東海地震、翌五日の午後四時頃にも同じ規模の安政南海地震が連続して発生した。安政南海地震では、四国の太平洋側から紀伊水道沿岸部、淡路島・大阪平野・播州平野で震度六の揺れを記録し、地震による津波は四国土佐や熊野より西側の紀伊半島沿岸で甚大な被害を発生させた。約八メートルの津波が襲来した紀伊国広村《ひろむら》（和歌山県広川町）で、高台に住む濱口儀兵衛が稲藁に火を着けて津波の襲来を村人に知らせ避難誘導した逸話は、小泉八雲により物語化され、それを翻訳した「稲むらの火」は昭和一二年（一九三七）から二二年まで小学校の国語の教科書に載っていた。

立て続いた地震の被害が余りにも甚大であったがゆえに、発生から間もない一一月二七日には元号が嘉永から安政に改元された。また安政南海地震の発生した一一月五日は国連総会で「世界津波の日」に制定されており、日本でも「津波防災の日」になっている。

三重県内にある安政東南海地震関連の近世災害碑は一二基で、建立目的別の内訳は、遺戒七基、供養三基、津波到達記録二基である（表2）。宝永南海地震関連碑に比べ、遺戒の割合が高くなるとともに、新たに津波到達地点を示す石碑が加わっている。後世の人々に向け、津波に対する心構えを伝えようとするメッセージ性がより強まっているといえよう。

熊野灘に面する志摩市越賀《こしか》の曹洞宗南冥山大蔵寺にある津波流倒記碑は、津波からわずか半年後に建てられた（図30－1）。この碑は津波の被害状況に加え、津波の際に人々が取った行動、ペリー来航など当時の世相、石碑を建てた理由が記されており大変貴重である。

（正面）

津浪流倒記　一仏成道　観見法界　草木国土　悉皆成仏
維時嘉永七安政改元甲寅十一月四日辰下刻大地震ニ付道路披破浜ハ踏込井戸水渇減驚怖之内漸時
津波満寄無程潮干去常々不見底瀬相見汐干凡三四尋《ひろ》有之所相顕哉否未申方ゟ《より》如山高三丈斗《ばかり》
大浪湧出如矢当村江押還波先五六丁程込入御高札場及普門寺相倒在家弐拾壱軒納屋拾

四カ所土蔵二ケ所
流失又二拾四軒土蔵六ケ所大潰并破損常舞台ハ神祇の加護尓《に》や無事浜辺筋田地砂入大
荒二町三反八畝拾七歩
畑三反拾四歩船数四拾壱艘流失同破船網数百二拾帖溺死三人誠ニ肝をひやし親子尋間
なく家財打捨着侭
我先与《と》高所へ逃去音声四方に響喧事難記毎夜野宿小屋住居其時只奉仰　神仏御威光而
已翌卯四月迄
震動阿《あ》れ共《ども》時日ヲ不記向後若大地震阿《あ》ラハ火消置財宝に迷ハ須《ず》老人子供ハ勿論喰物持
参能上早々高所江退夜中猶更
油断なく慾に迷ハ、身命危し与《と》平生心得遍し依而此事実紙冊尓《に》残さん登《と》欲《ほっす》連《れ》共《ども》朽易
故今愚昧能乱毫を
染て石尓《に》勒《きざみ》し末世の一助尓《に》備《そなえん》登《と》寿《す》恐ハ後世人予微志能拙を謗り給ん事を顧《かえりみ》須《ず》爰《ここ》
尓《に》誌置くもの也
安政二乙夘五月日　小川良忠謹建焉
（背面）
一　逢津波極難渋者江御殿様ゟ《より》米金衣類ホ被為仰下置候事

一　宝永四亥十月四日未刻大地震津波ニて家屋敷田畑砂入大荒聞伝
　当安政元寅年迄星霜百四拾八年成也
一　鳥羽御城内外塀不残流失大破藤中之郷ハ勿論本町片町迄汐込入厚被為有御心配候
　御事
一　去丑寅両年大国亜墨利加《あめりか》船相州浦賀并大坂川口迄渡来ニ付諸国大騒動当村方も
　宿割兵糧明松草鞋釘ホ等迄用意手配仕候事
一　津波尓《に》て打砕瓦少々拾ひ集末世疑惑なき証拠として此土塀築構置也
一　本州神嶋村漁舟拾七艘当浦入津之所津波ニ而拾六艘破船溺死拾四人有之
　御役所様江届之上当村江葬候事
　石施主　浅原伝三郎

越賀では、津波が来る直前に井戸の水が涸れ、海面が五～七メートルも下がって通常は見えない海底が見えた。その後、南西の方角から九・一メートルほどの大津波が来襲し、海岸から五〇〇～六〇〇〇メートルも内陸まで入り込んだ。人々は我先と高所へ逃げ去り、あたりは人々の喧騒で包まれた。家屋・田畑・船・漁網の被害に比べ、溺死者が三名と比較的少なく済んだのは、宝永地震津波の経験が生かされたのであろう。大地震があったら、火を消し、家財はそのままにして、食料を持って一刻も早く高所へ逃げるべきであり、欲に目がくらみ迷いが出たならば命が危ないと、常日頃から心がけるよう戒めている。このことを紙に書いて残そうと思ったが、紙は朽ちやすいので、石に刻み「末世の一助に備えん」と明記している点が面白い。背面に記された津波で壊れた瓦の破片を拾って、「後世疑惑なき証拠として」築かれた土塀が今も残されている。石碑とともに長く後世に伝えたい。

余談を一つ。石碑の背面には去丑寅両年（一八五三・五四年）アメリカ船が浦賀と大坂に来航し、国中が大騒動になったと記されているが、大坂天保山《てんぽうざん》沖に現れたのは、プチャーチン率いるロシア軍艦ディアナ号であり、ペリー艦隊は大坂には立ち寄っていない。地震・津波、外交問題、と絵に描いたような内憂外患で混乱する当時の世相が伝わってくる。

熊野市の新鹿《あたしか》海水浴場から内陸に直線距離で約五〇〇メートル、新鹿湾に注ぐ里川と二又川の合流点近くに、市の有形民俗文化財に指定されている津波留がある（図30－2）。これは、材木商井本屋又四郎が、自宅の前の石垣に、安政東南海地震津波の高さを記したもので、「津波留　嘉永七年寅十一月四日昼五ツ時　浜辺ヨリ凡三丈上ル　井本屋」と刻まれている。この時、新鹿を襲った津波の高さは約九・一メートル。石垣の側の電柱には熊野市が設置した「あなたの足元は海抜八・三メートルです」のプレートが貼られている。二

上：1　志摩市大蔵寺の津波流倒記碑（左）と
津波で壊れた瓦で築いた土塀（右）
下：2　熊野市新鹿町津波留の石垣（右）と碑石（左）

図30　三重県内の安政東南海地震津波関連碑

図31　徳蓮寺の諸国大地震横死万霊塔とナマズ絵馬

〇〇九年三月には、新鹿海水浴場に、高さ六メートル（海抜高一二メートル）、定員八〇名の津波避難タワーが設置された。井本屋又四郎の志は津波留によって現代に引き継がれている。

大地震横死万霊塔とナマズの絵馬

三重県桑名《くわな》市多度《たど》町の真言宗無畏野山徳蓮寺《とくれんじ》は、弘法大師ゆかりの寺との伝承を持つ古寺だが、天正一三年（一五八五）の大地震で堂塔全て倒壊し、本尊の虚空蔵菩薩が行方不明になったと伝えられる。その後しばらくして土の中から光が見えたので掘り返すと、ナマズやウナギに守られた本尊が見つかったという。それ以来、徳蓮寺にはナマズやウナギの絵馬を奉納するようになったとされ、現在、本堂の壁に掛けられている万治元年（一六五八）を最古とする二五二枚の絵馬（三重県指定有形民俗文化財）のうち一四四点がナマズやウナギの絵で占められている。

徳蓮寺にある諸国大地震横死万霊塔は、嘉永七年（一八五四）六月一四日の安政伊賀上野地震、同年一一月四日の安政東海地震、安政二年（一八五五）一〇月二日の安政江戸大地震の三つの地震の犠牲者を供養するため、徳蓮寺住職の賢信が建てたものである（図31）。安政伊賀上野地震は三重県伊賀市北部を震源とする内陸直下型地震で、マグニチュードは七・三と推測されている。徳蓮寺のある桑名市多度町周辺でも安政伊賀上野地震や安政東海地震では被害が発生している。一方で、この万霊塔が直接的な被害が及んでいない安政江戸大地震の犠牲者も供養の対象としているのは何故だろうか。答えは、江戸の町に多いものを表す言葉「伊勢屋、稲荷に、犬の糞」にある。この言葉が示すように、江戸には稲荷社や道端に落ちている犬の糞と同じくらい伊勢出身の商家が多かった。後述するように、江戸にある海難供養塔には伊勢白子《しらこ》（三重県鈴鹿市白子）出身者のものが散見され、江戸と伊勢の強い結びつきが窺える。安政江戸大地震では、そうした江戸在住の伊勢商人も多く犠牲になったに違いない。

徳蓮寺のナマズの絵馬は、地震除けとも、「なまず」と呼ばれる顔にできる痣《あざ》の平癒を願ったともいわれている。また、一般にウナギは徳蓮寺の本尊である虚空蔵菩薩《こくうぞうぼさつ》の使いとされる。果たして奉納者はナマズやウナギの絵馬に何を祈願していたのであろうか。

松前大島噴火と寛保の津波災害碑

寛保の津波

一九九三年七月一二日午後一〇時一七分に、北海道の日本海側に浮かぶ奥《おく》尻島《しりとう》北方沖の海底で発生した地震は、マグニチュード七・八と、明治以降に日本海側で発生した地震としては最も規模が大きかった。震源に近い奥尻島では最大三〇メートルを超す津波や崖崩れにより死者一七五名、行方不明者二七名の人的被害がでたほか、島の南端の青苗《あおなえ》地区では大規模な火災による甚大な被害が発生した。この北海道南西沖地震から遡ること二五〇年ほど前の寛保元年（一七四一）七月一九日、奥尻島の南方、北海道松前《まつまえ》町の西方約五〇キロメートルの日本海に浮かぶ松前大島（渡島《おしま》大島）が大噴火し、発生した津波により北海道南西沖地震の一〇倍を超す人命が失われたと推定されている。

松前大島は東西約六キロメートル、南北三・五キロメートル、周囲約一六キロメートルの二等辺三角形に近い楕円形の島で、二〇一九年現在、日本の主権が及ぶ範囲では国内最大の無人島である。島は全体が標高七〇〇メートル前後の江良《えら》岳・清部《きよべ》岳・寛保《かんぽう》岳の三峰からなる火山で、山頂から海岸まで急斜面が続くため、島に船を寄せることも困難である。

寛保元年の噴火は清部岳火口で発生し、山頂部や北側斜面が山体崩壊した後、寛保岳が形成された。噴火と同時に発生した津波は最大三〇メートルに達し、北海道渡島半島の日本海沿岸を襲い、遠くは佐渡島や能登半島、さらに朝鮮半島東海岸にまで達した（羽鳥徳太郎「日本海の歴史津波」『月刊海洋科学』一六―九、一九八四年）。津波の発生原因としては、山体崩壊説と海底地震説、さらに火山活動による海底沈下説があり、決着をみていない。

山体崩壊により発生した津波として歴史上有名なのが、寛政四年（一七九二）、長崎県雲仙《うんぜん》岳の火山性地震による眉山《まゆやま》崩壊に起因する津波である。崩れ出た大量の土砂は島原《しまばら》城下を抜け有明海になだれ込み、その衝撃で発生した津波は、対岸の肥後（熊本県）にも大被害をもたらした。「島原大変肥後迷惑」と呼ばれるこの津波では一万五〇〇〇人を超す人が亡くなり、島原湾沿岸では犠牲者を弔う供養塔が八四基も確認されている（熊本市世安町新聞博物館『寛政大津波から二〇〇年「雲仙災害防災シンポ・防災展」パンフレット』、一九九一年）。

話を寛保の津波に戻そう。この津波による被害は松前領だけでも、死者一四六七名、民家の流出七二九軒・倒壊三三軒、蔵の流出四棟・倒壊二五棟、被害を受けた船一五二一隻に達するという（「松前家記」）。私たちが行った松前にある江戸時代の墓石の悉皆調査でも大津波が発生した寛保元年七月一九日に七名の死者が確認できた。この七名は過去帳からいずれも津波による被害が想定される沿岸部の住民であることが判明し、津波の犠牲者と考えられた（関根達人『墓石が語る江戸時代』吉川弘文館、二〇一八年）。津波が起きた一八世紀中頃、福山城下の人口はおよそ五〇〇〇人前後と思われる。この頃の松前より西の和人地（西在《にしざい》）の家数は約一四〇〇軒、人口はわからないが、一五〇〇名近い犠牲者数からみて、平均して一軒に一人は犠牲者が出た計算になる。西在の漁村の被害は壊滅的とみて間違いない。海岸段丘が発達した西在では、集落は段丘崖を背にした海岸か、海へ通じる小河川沿いの低地に立地しており、そのことが津波による人的被害を大きくしたと考えられる。

『弘前藩庁日記（国日記）』によれば、津軽領西海岸でも寛保の津波により三三名の死者が出ている。熊石《くまいし》（現北海道八雲《やくも》町）以北の西蝦夷地の被害は津軽以上に大きかったはずであるが、松前藩がアイヌの被害調査を行った形跡は見られず、実態は不明である。

松前城下の寛保津波供養塔

松前（福山）城下のはずれ、江差《えさし》に向かう街道に面して浄土宗建石山光《こう》明寺《みょうじ》の入口に立つ（図32）。この場所は江戸時代には首斬沢《くびきりざわ》と呼ばれる立石野《たていしの》刑場の隣接地で、近くには一二代藩主松前崇広《たかひろ》の愛馬東雲《しののめ》の墓も営まれるなど、無縁の葬送地であった。松前では浄土宗高徳山光善寺《こうぜんじ》の発願により、津波から一か月後の八月一八日に施餓鬼《せがき》が執り行われ、翌年には光善寺が追善供養のためこの地に光明寺の前身である無縁堂を建立した。

図32　光明寺の寛保津波供養塔

北海道の有形文化財に指定されている供養塔は、高さ約三・五メートル、花崗岩製の方柱状で、正面に「南無阿弥陀仏　為洪波溺死諸霊菩提」、右側面に「願主御城下自他請寺院中」、背面に「寛保元年辛酉七月十九日」、左側面に「助縁御城下両浜中惣町中」と刻まれている。刻字から本供養塔は、福山城下の寺院の発願により、両浜組と呼ばれる松前に進出した近江商人の同業者組合を中心とした城下の町人の出資により建てられたことが判る。米が獲れない松前藩では、対アイヌ交易とともに、西在を中心に当時盛んになりつつあったニシン漁などの漁業が重要な産業であった。寛保の津波は松前に店舗を構えていた近江商人の経済活動にも大打撃を与えたに違いない。瀬戸内産の花崗岩が使われたこの巨大な供養塔は、近江商人が上方の石工に製作を依頼したのであろう。彼らはこの供養塔に犠牲者の冥福とともに、迅速な漁村の復興を祈ったのではなかろうか。

漁村の寛保津波供養塔

松前町江良地区は、町の中心である旧福山城下に次いで人口が多く、周辺では最大の漁村である。江良は松前大島からの距離が近いため、寛保の津波では「三百七拾人程外旅人八拾人程」（『弘前藩庁日記』）の犠牲者がでたと伝えられる。

江良の曹洞宗耕福山泉龍院《せんりゅういん》には、道指定有形文化財になっている寛保の津波供養塔がある（図33）。総高一一二センチメートルと小ぶりな供養塔は花崗岩製で、地蔵菩薩坐像の下の台石には正面に「寛保元年辛酉七月一九日　溺死諸霊菩提」、左側面に「願主泉龍院実宗」と刻まれている。江良の家数は、寛文九年（一六六九）が七〇軒、津波の発生から一七年後の宝暦八年（一七五八）も七〇軒余とほぼ変わらない。この間、西在全体では家数は約一・四倍に増加しており、江良が受けた津波の被害の深刻さを物語っている。西在で墓石が建て始められるのは一七三〇年代からであり、津波発生時には江良でもまだ村の最有力者しか墓石を持てなかったと考えられる（関根達人編『松前の墓石から見た近世日本』北海道出版企画センター、二〇一二年）。そうした状況下、この小さな供養塔は、生き残った江良の人々が、犠牲となった肉親の供養を一心に祈るため、持てる力を結集して建立したのであろう。お地蔵様が身にまとう衣類には、今なお集落の人が寄せる祈りの気持ちが込められているように思える。

図33　泉龍院の寛保津波供養塔

図34　江差にある寛保津波供養塔
（左：正覚院 右：法華寺）

江差の寛保津波供養塔

北海道南西部渡島半島の日本海側に位置する江差は、俗に「江差の五月は江戸にもない」と謳《うた》われるほどニシン漁で栄えた町である。鷗《かもめ》島に守られた江差の湊は天然の良港で、松前・箱館と並び蝦夷地と本州を結ぶ重要な交易港でもあった。

江差には石材・形・大きさ・碑文ともそっくりな寛保の津波供養塔が、日蓮宗成翁山法華寺《ほっけじ》と曹洞宗嶽浄山正覚院《しょうがくいん》にあり、いずれも道の有形文化財に指定されている（図34）。このうち法華寺のものは、旧市街地の南端部にあたる碇《いかり》町（現陣屋町）の薬師堂に建てられたものを、鉄道敷設に伴い一九三五年に移設したものである。

供養塔の塔身は斑岩《はんがん》製で丘状頭角柱形、台石を含めた総高は一四七センチメートルである。正面には「淪没《りんぼつ》孤魂両縁塔」と刻まれている。淪没とは水中に落ちて沈むという意味で、津波により水死した全ての犠牲者の供養を目的とすることが明示されている。右側面から背面には噴火・津波の様子と犠牲者の供養に関する長文が刻まれ、文末に碑が寛保元年（一七四二）八月下旬に建てられたことが記されている。風化が著しく判読不能な文字も少なくないが、噴火と津波に関する生々しい記述は貴重な災害記録であることから次に抜き書きする。

南胆州大日本国東仙道奥震之支流松前花阜之北津江指《えさし》庄今秋七月仲旬□鳥破暁大虚雲晴星斗明滄海風扨水面平忽鳴動震地怪光飛天時□□□堆嶮浪如□遷轟其勢揚海底劫石碎陸地崎巌如斯数回因半百里□□□変乱□□□□□□□□泯没人族既向三千嗚呼悲哉

（□は欠損などの理由で判読できない文字）

左側面の人名からは、江差では宗派を超え曹洞宗正覚院・浄土宗江差観音堂・浄土宗阿弥陀堂・浄土真宗順正寺《じゅんしょうじ》の四名の僧侶が、合同で津波の犠牲者の供養を行ったことが判る。

法華寺には津波の犠牲となった檀徒八〇名を供養した曼荼羅《まんだら》過去帳がある。地域別の内訳は、熊石村（せたな町熊石）三一名が最も多く、以下多い順に、石崎《いしざき》村（上ノ国《かみのくに》町石崎）

二一名、乙部《おとべ》村（乙部町乙部）八名、相沼内《あいぬまない》村（せたな町相沼）と江差村（江差町）各五名、三谷《みつや》村（乙部町三ツ谷）と突符《とっぷ》村（乙部町突符）各二名、泊《とまり》村（江差町泊）と江良村（松前町江良）各一名となっている。これは一寺院の檀家の犠牲者を記したものに過ぎず、必ずしも津波の被害の程度を直接反映するものではないが、江差から北に遠く離れ、蝦夷地との境界であった熊石の被害が大きかったのは確かであろう。

銛の突き痕のある地蔵

八雲町熊石相沼町の浄土宗帰命山如来院無量寺《むりょうじ》には、寛保の津波の犠牲者を供養するために建てられた道指定有形文化財の地蔵尊がある（図35）。地蔵尊は座像で、総高七三センチメートル、台座正面には「溺水弧霊宝塔」と刻まれている。台座の左右側面の銘文から、この地蔵尊は、津波の犠牲者の七回忌の祥月《しょうつき》命日に当たる延享三年（一七四六）七月一九日に、無量寺の三世住持の等誉栄泉によって建てられたものと判る。江差にある供養塔が津波の発生から僅か一ヶ月後に建てられたのに対して、熊石では供養塔の造立までに五年が経過している。それだけ津波の被害が甚大で回復までに時間を要したのであろう。

注目されるのは地蔵尊の背中にあけられた三つの穴である。これは、先端が三又になった磯漁に用いるヤスで海底に沈んでいる溺死者の背中を突いて引き揚げた際にできた痕を再現したと言い伝えられている。穴の周りは石に含まれる鉄分により赤みを帯びて見える

図35　津波の犠牲者が投影された地蔵尊（北海道八雲町無量寺）

ことから、地元では「溺死者はヤスで突かれて血を流している」と語り継がれてきた。

無量寺の過去帳には寛保の大津波により死亡した相沼と泊川の住民、男性三二名・女性四〇名・子ども三八名の合計一一〇名が記録されている。過去帳に記載された寛保元年の死亡者は一二二名であることから、この年に亡くなった人の実に九割を津波の犠牲者が占めている計算になる。改めて熊石周辺の被害の大きさがうかがい知れる。それにしても熊石以北の蝦夷地に暮らし、仏教の感化を受けていないため供養の対象とならなかったアイヌの人々の被害状況が気になるところである。

寛保の大洪水と災害碑

地震や火山噴火などほかの自然災害に比べ、大雨を原因とする水害の発生頻度は桁違いに高い。ダムや堤防により河川の治水管理が行われている今日でさえ、台風やゲリラ豪雨による水害は毎年、日本のどこかで発生している。

寛保の大水と奥貫友山

寛保二年（一七四二）の七月末から八月初めに近畿・信越・関東を襲った大水は、江戸時代に発生した最大級の広域大水害として知られる。特に利根川・荒川・多摩川などの大規模河川が軒並み氾濫した関東地方では甚大な被害がでた。この大水をもたらした直接の原因は台風に伴う大雨だが、江戸の下町では気圧の低下による海面の上昇と激しい南風による海水の吹き寄せでの高潮が重なり、被害を大きくした。幕府は人命の救助、被災者に対する食糧支給を行うとともに、西国大名に対して災害復旧の手伝い普請《ぶしん》を命じた。

寛保の大水の際にとった行動が当時から今日まで高く評価されているのが、武蔵国入間《いるま》郡久下戸《くげど》村（埼玉県川越市）の名主奥貫友山《おくぬきゆうざん》である。彼が住む久下戸村周辺を流れる荒川の堤防も数か所で決壊し一帯は大水に浸かった。この時友山は村人を指揮して人々の救出にあたり、自宅に収容した人は百数十名に及ぶと伝えられる。友山らの働きもあり久下戸村周辺では死者や行方不明者が出ることはなかったが、水が引いた後の田畑は荒野と化し、食料不足に陥った。友山は幕府の儒官で師の成島錦江《なるしまきんこう》を介して、生きるために被災民が村を一時的に離れることを認めるよう幕府に願い出るとともに、郷倉《ごうそう》や自宅の蔵を開き食料を配給、さらには土木事業による仕事の創出など、人々の救済に力を尽くした（佐藤繁「奥貫友山と寛保の洪水」『埼玉史談』三三、一九八六年）。そして寛保の大水害から二〇年以上たった明和二年（一七六五）、前年の暮れに発生した中山道伝馬助郷《てんますけごう》問題に端を発した大規模な一揆の際、豪商・豪農の家が次々と襲撃されるなか、人々は友山から受けた恩義を忘れることなく奥貫邸は打ちこわしを免れたという。

友山は、大水の被害状況や自らの救済活動、川越藩主秋元侯からの褒賞、教訓などを克明に記録した『大水記《おおみずき》』を著している。明治四四年（一九一一）に刊行された『修身訓話』では博愛の章に「奥貫友山の水災救助」の一節を設け、『大水記』の「平生節倹をつ

図36　奥貫友山の墓石と奥貫家の長屋門

とめ、時あるに臨みて家財をつくして公衆の救難に致す、陰徳あるもの何ぞ陽報あらざらん。」との言葉を引用して、その活動を称えている。

友山は天明七年（一七八七）一一月一〇日、八〇歳でその生涯を閉じた。川越景観百選に選ばれた豪壮な長屋門が残る奥貫家の前にある友山の墓は、埼玉県の史跡に指定されている。一周忌を前に建てられた彼の墓石は総高一四四センチメートル、伊豆石製で笠塔婆《かさとうば》形である（図36）。正面に「友山居士墓」とあり、残る三面には彼の生涯を記した詳細な墓誌が刻まれている。碑文では「寛保二年秋八月川越大水」の文字に続き、友山が粟を配給して四〇余りの村を救ったことや、川越藩主秋元侯に招かれ御膳をごちそうになり褒美

図37　寛保の大水の水位を示す富士塚と石灯籠（川越市久下戸氷川神社）

に「雕《わし》画」（狩野周信筆 鶚《みさご》画として奥貫家に伝来）を賜ったことが述べられている。

水位を示す富士塚の石灯籠

奥貫家の屋敷や友山の墓から南東に約一・二キロメートル、久下戸の氷川《ひかわ》神社の本殿前に置かれた石灯籠は、寛保の大水の実態を今に伝える貴重な歴史資料である（図37）。石灯籠は砂岩製で高さ一・四メートルである。柱の正面に「御神燈」、右側面に「宝暦十三未天三月吉日」、左側面に「寛保二壬戌八月二日大水 此社地深二尺村中浸軒者多」と刻まれている。この石灯籠は、友山が『出水川々の覚』で「氷川明神の石灯籠の足へ水の深さを記置也」と書き残した石灯籠とみて間違いないだろう。

『大水記』には友山の屋敷でも縁の上一尺二寸まで水に浸かったと記録されていることから、久下戸周辺では標高九・五メートル前後まで水に浸かったと考えられている。どうやら寛保の大水時に石灯籠は富士塚の上にあったようだ。

なお、富士塚の上には一九九九年に氷川神社の氏子会が建てた「寛保二年大洪水水位碑」や、二〇〇四年に地元の南古谷《みなみふるや》郷土史研究会が建てた「寛保大洪水位標追記碑」が並んでおり、災害の記憶を風化させまいとする地域住民の意識が感じられる。

川越市久下戸氷川神社の石灯籠と同じように、寛保の大水の水位を記録した石造物が荒川の上流、埼玉県長瀞《ながとろ》町の長瀞第二小学校の裏にもある。県史跡に指定されている「寛保洪水位置磨崖標《まがいひょう》」は、岩肌に「水」の字とともに、「寛保二年壬戌八月一日亥刻　大川迄上」と文字を刻んだものである。これは大水がピークに達した八月一日の午後一〇時前後の水位を後世に伝えるべく、地元の四方田弥兵衛と瀧上市右ェ門によって設けられた。「水」の字が刻まれた位置は、現在の荒川の川床から約二四メートル、近くの国道一四〇号の道路面からは約二・五メートルの高さに当たる。岩肌の文字は風化が進んだため、昭和九年（一九三四）には再勒碑《さいろく》が建てられている。川越市久下戸氷川神社の石灯籠と同じようにここでも災害の記憶を後世に伝えようとする地域住民の思いが感じられる。

寛保の大水と御手伝復旧普請

大水害の発生から約二か月後の一〇月六日、西国の大名一〇名に対して、大水で決壊した関東地方を流れる河川の復旧工事の下命があった。長門萩藩主毛利宗広《もうりむねひろ》には、利根川中流部右岸（埼玉県本庄《ほんじょう》市から春日《かすか》部《べ》市に至るまでの利根川の南側）とその支流および流域地域の用悪水路の復旧・改修工事が命じられた。命を受けた毛利宗広は、一門家老の一人で周防右田《すおうみぎた》（山口県防府《ほうふ》市）を領した右田毛利家七代毛利広定《ひろさだ》など一三名の家臣を中心に総勢一七〇七名を現地に派遣し、一一月二九日から復旧工事に取り掛かり、翌年の三月二八日までに事業を完成させた。

図38　鷲宮神社の寛保治水碑
（池尻篤氏写真提供）

埼玉県久喜《くき》市の鷲宮《わしのみや》神社の拝殿前にある「寛保治水碑」は、御手伝普請の完成を神社に報告した毛利宗広が、難事業の顚末を永久に残すため、寛保三年（一七四三）五月に建てたもので、県史跡に指定されている（図38）。鷲宮神社にはこの石碑（石灯籠）の奉納に関する古文書「寛保三年五月　利根上流以南修治告成碑記」が伝えられており、それには石灯籠に刻まれた碑文も書き留められている（鷲宮町役場『鷲宮町史　史料二　近世』、一九八一年）。

「寛保治水碑」は石灯籠形で、総高二・六メートル、石材は伊豆石である。柱石は方柱状で、正面には「奉寄進　石燈台壱基」とあり、その下に普請工事を率いた毛利広定をはじめとする一三名の家臣の名前が刻まれている。柱石の残る三面には「刀禰《とね》上流以南修治告成碑」に始まる長文の碑文が記されている（鷲宮町史編纂室『鷲宮町の金石文』、一九八二年）。撰文にあたった服元喬《ふくげんきょう》は、太宰春台《だざいしゅんだい》と双璧をなす徂徠学派《そらいがくは》の著名な儒学者で、文人としても知られる服部南郭《はっとりなんかく》のことである。書は長州藩士の津田泰之による。

碑文では冒頭に大水の被害と幕府による被災者への食料援助、幕府から西国大名に出された災害復旧普請命令が述べられている。続いて長州藩が担当した利根川上流以南での災害復旧普請の取り組みが記されている。そこでは今回の事業がさまざまな面で領国とは勝手が違い苦労したことが繰り返し述べられている。後半では無事に事業したことを将軍に復命したところ、お褒めの言葉とともに、石碑を建て修復事業の完成を告知したうえで帰国してよいとの指示があったことや、それを受けて藩主宗弘をはじめ工事関係者が鷲宮神社に事業の完成報告を行ない、この碑の造立に至ったことが記されている。

碑の最後には長州藩が担当した地域と工事内容が詳しく記されている。工事は壊れた堤防の修復、堤防の新築、川底の土砂の浚渫、運河の開削のほか、水門・橋梁・道路の修復と多岐にわたる。工事は復興事業であり、被災者は人足として雇用の機会を得た。長州藩の修復事業に投入された人足《にんそく》の延べ人数は、堤防の修繕・新築に一五六万人、河川の浚渫と運河の開削に四一万人、その他の修復に一〇〇万人、合計二九七万人に達した。時代は変われども二〇一一年東日本大震災後の岩手・宮城・福島の災害復旧が、一時的とはいえ地域に少なからぬ雇用を創出し、復興と呼ばれていることとオーバーラップして見える。

天明の浅間山噴火と災害碑

天明三年浅間山焼け

日本列島には一〇八もの活火山があり、ひとたび火山が大規模噴火を起こせば、広域かつ長期的に人々の生活に影響が及ぶ。

長野と群馬両県にまたがる浅間山《あさまやま》は、標高二五六八メートルの成層火山で、日本百名山や花の百名山に選ばれている。古記録によれば、浅間山は治暦年間（一〇六五―六九）以降、一〇〜四〇年間の活動期と二〇〜五〇年の休止期を繰り返しており、現在も気象庁からランクAの活火山に指定され、二四時間体制の観測が続いている。

天明三年（一七八三）の浅間山噴火は、関東地方で発生した大規模噴火としては最も新しく、地質学的データと多くの古記録や発掘調査を突き合わせることにより、被害の生々しい実態が判明する点で注目される。内閣府の中央防災会議災害教訓の継承に関する専門調査会が二〇〇六年にまとめた報告書『一七八三 天明浅間山噴火』によれば、噴火は浅間山北麓から利根川流域を中心とする関東平野に甚大な被害をもたらし、死者一六二四人、流失家屋一一五一戸、焼失家屋五一戸、倒壊家屋一三〇戸余りに達した。

火砕流《かさいりゅう》や岩屑《がんせつ》なだれの直撃を受け住民の約八割が犠牲となった鎌原村《かんばら》（群馬県嬬恋村《つまごい》）は、発掘調査によって「日本のポンペイ」と称されるようになった（大石慎三郎『天明三年浅間大噴火：日本のポンペイ鎌原村発掘』角川書店、一九八六年）。噴火の際に鎌原村の住民が避難した観音堂には、「天明の生死を分けた一五段」と伝えられる石段がある。一九七九年の発掘調査では土砂に埋もれた石段の途中から、折り重なる状態で二人の成人女性の遺骨が発見され大きな反響を呼んだ。近年は噴火に伴い大規模な泥流災害に見舞われた吾妻《あがつま》川流域をはじめ、広域で発掘調査が進んだ結果、泥流・降灰・洪水などの被害とともに災害復旧の実態が見えてきた（関俊明『浅間山大噴火の爪痕 天明三年浅間災害遺跡』新泉社、二〇一〇年）。天明三年の浅間山噴火に関しては、火山学などの自然科学と歴史学・考古学・民俗学などの人文社会科学による共同研究が盛んに行われている。

土石なだれと災害碑

天明三年の浅間山噴火は、吾妻川・利根川流域に大規模な土砂洪水災害を引き起こした。特に吾妻川下流域の川島や北牧《きたもく》（群馬県渋川市）は急激な洪水波を受け、多くの人的被害を出した。犠牲者の遺骸は流出した家屋の残骸とともに利根川を下り、その分流である江戸川が江戸湾に流れ出る行徳《ぎょうとく》（千葉県市川市）周辺にまで達した。

天明三年の浅間山噴火に関しては、直接的な被害を受けた地域はもとより、犠牲者の遺骸がたどり着いた利根川・江戸川流域にも供養塔が建てられた。天明三年の浅間山噴火に関する石造物に最初に注目したのは、災害史研究のパイオニアの一人、菊池万雄氏である。菊池氏は浅間山北麓の鎌原から、江戸川の河口である行徳、同じく利根川の河口である銚子まで、吾妻川・利根川流域一八ヶ所で関連する金石文を挙げ、それらには犠牲者の供養を目的とするもの、惨状を後世に伝えようとするもの、救済復興の決意を述べたもの、救済事業や篤志家への感謝の意を込めたものがあることを指摘した（菊池万雄「天明三年浅間山噴火とその被害」『研究紀要』一三、日本大学文理学部自然科学研究所、一九七八年）。

前述の『一七八三　天明浅間山噴火報告書』には「石造物にみる災害の記憶」という項が設けられ、そこでは噴火から現在までに建てられた一一六基の関連石造物が挙げられており、報告書に添付されたＣＤには画像入りで銘文なども掲載されている。大変貴重なデータであり、このデータベースに基づいた石造物の検討も行われている（井上公夫『噴火の土砂洪水災害―天明の浅間焼けと鎌原土石なだれ―』古今書院、二〇〇九年、関俊明『災害を語り継ぐ―複合的視点からみた天明三年浅間災害の記憶―』雄山閣、二〇一八年）。しかしデータの中には悉皆調査されてはいない個人の墓石が含まれている上、個々の石造物について十分な検討が行われているわけではない。個人の墓石や明治以降のものを除くと、江戸時代に建てられたことが確実な天明浅間山噴火に関する石造物は五六基で、長野市内にある村沢高包《たかかね》碑を除き、吾妻川・利根川水系沿いに分布する。内訳は犠牲者の供養碑（A）が三三基、災害や復興の記録を後世に伝えるために建てられた記念碑（B）が八基、犠牲となった馬の供養碑（C）が一五基、である。地域を人的被害が発生した吾妻川流域・利根川上流域と、人的被害がみられなかった群馬県伊勢崎《いせさき》市八斗島《やつたじま》より東の利根川中流域・下流域に大別すると、前者では四二基中、Aが二四基、Bが一五基、Cが三基なのに対して、後者では一四基中、Aが九基、Bが五基で、Cはない。人的被害が出た地域では、人同様、犠牲となった馬も供養の対象となったことや、人的被害が出なかった地域でも、犠牲者の供養や災害を後世に伝えるために石造物が建てられたことが判る。

両国回向院の供養塔

両国回向院《えこういん》には、天明浅間山噴火の犠牲者の供養塔が二基並んでいる（図39）。向かって左側は三回忌にあたる天明五年（一七八五）七月に、江戸の町人や僧侶七名が世話人となって建てたもので、総高二七〇センチメートル、伊豆石製で頭部に笠が付く。正面には「信州上州地変横死之諸霊魂等」とある。供養を行ったのは回向院の謙誉敬天上人である。

図39　両国回向院の浅間山噴火横死者供養塔（左：天明5年7月建立　右：寛政元年7月建立）

向かって右側は、一七回忌にあたる寛政元年（一七八九）七月に回向院の在誉巌龍上人により建てられた総高三四〇センチメートル、伊豆石製で頭部に蓮華座と宝珠を乗せた柱状の供養塔である。上台石の右側面には世話役の三名の町人、背面には石工の永井清五郎の名前がある。下台石の前面と右側面には横死者と思われる多数の戒名が刻まれている。

棹石は、正面に「南無阿弥陀仏」と刻み、左側面・背面・右側面にかけて、青山にある浄土宗長青山宝樹寺梅窓院の蘭若性山が撰文し、赤峰田順（脇田《わきた》赤峰《せきほう》）の書による長文の碑文がある。

左側面には、天明八年（一七八八）一二月二九日、丹波亀山藩主で寺社奉行の松平信道《のぶみち》が増上寺において、両国回向院を含む京・江戸と奥羽・上野国の名刹六寺に対して横死者の供養を行うよう命じたこと、命を受けて回向院では寛政元年二月一一〜一三日まで特別な念仏勤行を執り行い、法会には江戸の大小の寺院が皆参加したこと、唱えられた祭文を後世に伝えるため石に刻んだことが記されている。

背面から右側面に記された祭文には、天明三年の浅間焼けと、同年に奥羽地方を襲った天明の飢饉、天明八年の春に京都で発生した大火災の犠牲者や被災民に対して、一一代将軍徳川家斉《いえなり》が深く悼み悲しみを表明したことが記されている。なかでも以下に示す天明の浅間焼けに関する記述は、噴火・泥流とそれに続く不作による飢餓の様子が読み取れ貴重であることから、現代語意訳して次に示す。

ああ、とても悲しいことである。七年前に起きた信州の東側にある浅間山の大噴火では地面が振動し、噴煙が立ち上り、溶岩が天を明るく照らすほどに噴出し、噴石が飛び散った。家々は軒並み焼かれ、体力の衰えた老人は傷つき、あでやかで美しい女性は焼死し、蛇・亀・牛馬・鳥など空を飛ぶものも地を走るものも皆地面に倒れた。浅間山の東麓、上野国の川島や北牧では吾妻川が氾濫し、数里に亘って川岸が崖のように切り立ったり反対にがけが崩れたりし、水を堰き止め、熱湯や泥水がぶつかり合い旋回した。畑の作物も水辺の草も、猫もネズミも、大きな怪魚も泥鰌《どじょう》もナマズもウナギも命を落とし、腐敗し生臭い異臭を放つ遺骸が利根川の流れを塞ぎ、川辺に満ちた。その年の八月、全てのものが衰え消滅しようとする気が満ち、強風と長雨が重なり関東地方に降り注いだため、イネもキビも萎え、全ての穀物が実らず、餓えた人々は、幼子を養うために家を離れ救荒食《きゅうこうしょく》である葛《くず》を探しに鋤《すき》を手に山野にはいった。餓死者の遺体が野に満ち、悲痛な叫びが巷に溢れた。

天明年間には浅間山噴火・奥羽飢饉・京都の大火と大災害が相次いだ。碑文にある通り、天明の大火が発生した年に、丹波亀山藩主で寺社奉行の松平信道は災害横死者の供養を命じている。御所や二条城など京の市街地の八割以上が灰燼《かいじん》に帰した天明大火（「団栗《どんぐり》焼け」「申年《さるどし》の大火」）の際、禁裏警護や京都警護の任にあった松平信道は、自ら藩士を率いて火消しに出動している。おそらくその時に京の街で目にした大火の惨状が、災害横死者供養の動機となったのであろう。今も昔も、災害の痛みは実際にそれを体験した者しか共有できないということであろうか。

江戸川下流の供養塔

人気映画「男はつらいよ」の主人公「フーテンの寅さん」こと車寅次郎の故郷、葛飾柴又《かつしかしばまた》は帝釈天《たいしゃくてん》の門前町として今も多くの観光客が訪れる。柴又帝釈天の正式な名称は日蓮宗経栄山題経寺《だいきょうじ》という。題経寺の墓地は観光地となっている帝釈天から南へ約七〇〇メートル、北総線の新柴又駅北側に位置しており、墓地の入口近くに、葛飾区の有形文化財に指定されている天明の浅間山噴火の犠牲者の供養塔がある。

供養塔は伊豆石製で、総高約二メートル、幅・厚さとも二三センチメートルの細長い角柱状である（図40）。正面は南無妙法蓮華経の下に「川流溺死老若男女一切変死之魚畜等供養塔」と刻む。左側面には天明三年（一七八三）七月一八日に題経寺の九世住職の亨貞院日敬によってこれが建てられたとある。背面には「施主面々現安後善」の文言に続き、施餓鬼発起主として柴又村の齋藤磯右ェ門、塚の地所寄進者として同じく柴又村の齋藤庄七、供養塚発起主として題経寺の亨貞院日敬の名が見える。これらのことから、本供養塔は、矢切《やぎり》の渡しがある柴又帝釈天のすぐ東を流れる江戸川に流れ着いた天明の浅間山噴火の犠牲者の遺体を埋葬した塚の上に建てられたことが判明する。七月一八日は噴火から一

図40　柴又帝釈天の浅間山噴火川流溺死者供養碑

図41　柴又帝釈天にある2011年東日本大震災犠牲者の供養塔

○日後に当たる。おそらくこの日に遺体の埋葬と題経寺の亨貞院日敬による供養が行われ、後日そのことを記した供養塔を塚の上に建てたのであろう。

矢切の渡しは、伊藤左千夫《いとうさちお》の小説『野菊の墓』の政夫と民子の別れの場であり、石本美由起作詞、船村徹作曲による大ヒット曲のタイトルにもなっている。その矢切の渡しに上流から沢山のご遺体が流れ着いたことを想像すると、のどかに映る目の前の景色も一変して見える。柴又帝釈天の境内には東日本大震災の一周忌に建てられた犠牲者の供養塔がある（図41）。今も昔も帝釈天は災害横死者の仏道成就の祈りを見守っておられる。

柴又帝釈天から南南東へ約八キロメートル、江戸川の右岸に位置する江戸川区北小岩の真言宗星住山地蔵院善養寺《ぜんようじ》の境内にも、区の有形文化財に指定されている天明浅間山噴火の犠牲者の供養碑がある（図42）。石碑は総高一一五センチメートル、伊豆石製の櫛形で、台石の前面には「下小岩村中」とある。棹石の前面には、胎蔵界大日如来の種字と次に示す碑文を刻む。

前癸卯信州浅間山水火湧出流緇素洪河日往
転増燗月来更自黛白蠕孔裏蠢者蠅骸上飛
欲尋昔日愛一慈一愧今歳寛政七乙卯七月
十三回仏陀妙慧慈雲霑法雨無上菩提純浄也

緇《し》は出家者の衣の黒色を指し、素《そ》は在家者の衣の白色を指すことから転じて、緇《し》素《そ》は出家者と在家者を意味する。白蠕《はくじゅ》は蛆虫《うじむし》のことで、日が経つにつれ江戸川を流れ下ってきた遺骸の腐敗が進み、蛆虫がうごめき、蠅がたかっている様子が生々しく記されている。この供養碑は一三回忌に当たる寛政七年（一七九五）七月に、下小岩村の人々によって建てられた。供養碑の側には二〇〇回忌に当たる昭和五七年に建てられた「浅間山焼け供養碑和讃」碑がある。碑

図42　善養寺の浅間山噴火川流溺死者供養碑

に刻まれた和讃の一節には「石碑古りて語ねど……」とあるが、前述の通り、今日なお、供養碑は十分、天明三年浅間焼けの惨状を今に伝えてくれている。

安政江戸大地震・安政江戸大風災と災害碑

江戸時代に発生した大規模な内陸直下型地震としては、寛文近江・若狭地震（一六六二年）、信州善光寺地震（一八四七年）、安政江戸大地震（一八五五年）、飛騨地震（一八五八年）などが有名である。後三者は年代的にも近く、加えて前述の通り、安政元年（一八五四）には二つの南海トラフ巨大地震（安政東海地震・安政南海地震）も発生しており、幕末の日本は政情も大地も大揺れだったといえる。

安政江戸大地震

安政江戸大地震は、安政二年（一八五五）一〇月二日の午後九時二〇分頃に、江戸湾北部を震源として発生したマグニチュード六・九〜七・一程度の地震である。首都直下型のこの地震に関する古記録は多く、それらから御府内《ごふない》の震度は六強から五弱まで幅があるが、大手町から日比谷周辺と隅田川の東側の清澄《きよすみ》周辺で揺れが特に大きかったことが判っている。江戸市中では地震に伴う火災が三〇数か所で発生しており、町奉行井戸対馬守の指示で作成された「安政地震焼失図」から、焼失面積は東京ドーム三三一個分に相当する約一・五平方キロメートルと推定されている。内閣府の中央防災会議災害教訓の継承に関する専門調査会が二〇〇四年にまとめた報告書『一八五五　安政江戸地震』によれば、死者数は武士と町人を合わせ、寺社奉行が把握しただけで七〇九一名に達しており、一九九五年に起きた阪神・淡路大震災による死者六四三三名を確実に上回る。

安政江戸大地震の際、水戸藩主徳川斉昭《なりあき》の腹心で全国の尊王志士に大きな影響を与えた藤田東湖《ふじたとうこ》が、建物の倒壊により圧死したのは有名な話である。また、盛岡藩では外桜田の上屋敷は類焼、麻布《あざぶ》南部坂の下屋敷も大破し、徳川斉昭の婿である藩主南部利剛《なんぶとしひさ》が負傷している。藩邸での生活に支障が出た南部利剛は、幕府に願い出て地震発生から約一月後に国元の盛岡に戻ることを許されており、盛岡市内にある南部家の菩提寺、臨済宗妙心寺派大光山聖寿寺《しょうじゅじ》の境内には、「安政二季十月二日　大地震遭難之碑」が建つ。

地震発生後の幕府の対応は迅速で、三日後には五ヶ所に御救小屋が設けられ、握り飯の炊き出しとそれに続く御救米の配布が行われた。また裕福な町人や武家、寺院による義援金やボランティア活動などの施行もみられた。

両国回向院の供養塔

両国回向院には、安政江戸大地震の犠牲者の供養塔が三基ある。うち二基は、天明浅間山噴火の供養塔の隣に並んで立っている（図43）。向かって左側は地震の翌年の安政三年五月に建てられたもので、伊豆石製、総高三五〇センチメートル、角柱形である。台石は正面に施主「□市左官若者中」（□は欠損）、右側面には世話人らしき「大和屋九八」、背面には石工の「和泉屋庄兵衛」の名前を刻む。

図43　両国回向院の安政江戸大地震横死者供養塔（左：安政3年建立　右：慶応2年建立）

棹石の正面には名号の下に供養に当たった芝増上寺《しばぞうじょうじ》六六世の大僧正甲蓮社冠誉得阿

(慧厳)の名前と花押《かおう》を刻み、背面には増上寺の学寮の一つ南渓の責任者であった鵜饇徹《うかいてつ》定《じょう》が撰文し、同じく南渓の正道の書による碑文「為圧死人建仏名塔記」が刻まれている。

冠誉は、一二代将軍徳川家慶《いえよし》の葬儀の際に導師を務めるなど将軍家の菩提寺である増上寺のトップとしての仕事をこなす一方、教学・教育を統轄する立場の学頭としても優れた学識を発揮した。冠誉は、京都法然院の高麗版大蔵経《こうらいばんだいぞうきょう》の謄写や南都古写経の調査を鵜饇徹定に命じており、両者は教学を通して密接な関係にあった。

碑文には「安政乙卯十月初二日夜亥上刻江都地大震随発火圧斃燔死者以万数」とあり、圧死・焼死合わせて地震の犠牲者が一万人近くいたことを伝えてくれている。

その右隣に立つ供養塔は、慶応二年(一八六六)三月に建てられたもので、伊豆石製、総高三九五センチメートル、角柱形で頭部に宝珠が載る。棹石の正面は名号の下に供養に当たった両国回向院一七世猛誉得行上人の名前と花押を刻み、左側面には「地震焼亡横死諸群霊塔」とある。右側面には建立年月に続き、猛誉と本供養塔の文字を書した瀧川寛斎の名前がある。背面には「金百両　永代祠堂日牌回向料寄附之」と、両国回向院で行われた安政江戸大地震の犠牲者の供養や供養塔の造立にかかった費用が記されている。費用を出したのは、下台石に名前が刻まれている発願主の熊本新田《しんでん》藩江戸屋敷の部屋頭風戸氏、世話人の本所中之郷八町や北本所の町人、補助役の熊本新田藩江戸屋敷の人々と八丁堀・

日本橋・鉄砲洲《てっぽうず》・新吉原などの町人であった（表3）。

肥後熊本新田藩は熊本藩の支藩で、藩主は江戸鉄砲洲に住み参勤交代を行わない定府大名であった。熊本新田藩の江戸上屋敷は鉄砲州（中央区湊）、下屋敷は大川（隅田川）にかかる吾妻橋の東岸、本所中之郷《ほんじょなかのごう》（墨田区吾妻橋一丁目のアサヒビール本社付近）にあった。鉄砲洲も本所中之郷も安政江戸大地震の被害が大きかった地域である。世話人や補助に名前を連ねた町では家屋の倒壊や火災により人的被害が発生している。なかでも幕府公認の遊廓のあった新吉原は廓全体が焼失し、江戸で最も多い約一〇〇〇人が犠牲となった。新吉原遊廓の周りを巡る堀には緊急時の避難路として数か所反り橋が存在していたが、地震発生時には反り橋が降りず、廓内の人々は唯一の出入り口である大門に殺到し、煙に巻かれ亡くなったという（中村操・茅野一郎・松浦律子「安政江戸地震（一八五五）の江戸市中の焼失面積の推定」『歴史地震』二〇、二〇〇五年）。発願主である熊本新田藩江戸屋敷の人が新吉原の町人に声をかけたのか、熊本新田藩江戸屋敷とその周辺住人を中心に行われる犠牲者の供養を聞きつけた新吉原の町人が参加を申し出たのか。どちらにせよ、平時では考えにくい身分の垣根を超えた供養が行われている点に注目したい。

両国回向院最大の観光スポット「鼠小僧次郎吉の墓」の裏手、無縁墓群の隣にある六地蔵は、安政江戸大地震と安政三年の大風災の両方の犠牲者を供養するため、安政四年（一

表3　両国回向院の安政江戸地震供養塔（1866年）の建立に資金援助した人々

位置	役割	刻まれた地名等		現在の地名	人数
台石正面	世話人	中郡 本所中之郷	竹　町	墨田区吾妻橋1丁目，東駒形1丁目	
			原庭町	墨田区吾妻橋1丁目，東駒形2・3丁目	
			元　町	墨田区吾妻橋1・2丁目，東駒形3丁目	
			瓦　町	墨田区吾妻橋1～3丁目	
			両瓦町	墨田区吾妻橋1～3丁目	
			八軒町	墨田区吾妻橋3丁目	
			代地町	墨田区吾妻橋3丁目，東駒形四丁目	
			横川町	墨田区本所四丁目，東駒形四丁目	
		北八町（北本所八町）		墨田区東駒形1～3丁目，吾妻橋1丁目，本所1～3丁目，太平1丁目等 江東区三好四丁目，深川2丁目等	若者中 世話役4
		北本所表町		墨田区東駒形1～3丁目，吾妻橋1丁目，本所3丁目	世話役2
		北本所松倉町		墨田区厩橋3・4，東駒形3・4丁目	4
		北本所表町		墨田区東駒形1～3丁目，吾妻橋1丁目，本所3丁目	1
		北本所荒井町		墨田区本所1・2丁目，東駒形1・2丁目	2
		北本所出村町		墨田区太平1丁目	1
		北本所新町2丁目		墨田区本所2・3丁目，東駒形2・3丁目	1
		本所番場町		墨田区本所1丁目，東駒形1丁目	
		南本所石原町		墨田区石原1・2丁目，横網2丁目	
	発願主	肥後熊本新田　部屋頭　風戸氏			
台石左側面	補助	肥後熊本新田　御屋鋪			
		南八丁堀		中央区新富1丁目，入船1丁目，湊1丁目	1
		鉄砲洲湊町		中央区湊1～3丁目	2
		日本橋式部小路		中央区日本橋2丁目	1
		深　川		江東区深川1・2丁目	1
		新吉原江戸丁1丁目		台東区千束4丁目	1
		浅草山之宿町		台東区花川戸1・2丁目，浅草7丁目	1
		名古浦			1
		上総国長□			1
		新吉原京町1丁目		台東区千束4丁目	1

八五七）八月二二日に、回向院の一七世猛誉得行上人によって建てられた（図44）。総高二二〇センチメートル、台石の上に載る伊豆石製の六角柱状の棹石に六地蔵が彫られている。施主は下台石の前面に名前のある八丁堀金六《きんろく》町の六名の町人、製作したのは下台石背面に名前のある浅草平右衛門町（台東区浅草橋一丁目・柳橋一丁目）の石工伊豆屋である。

中台石の前面には「火ゑん（火炎）水ゑん（水災）ゑん（縁）むゑん（無縁）一さい（一切）ぼだい（菩提）」とある。六角形の上台石には大火と大水に関する次の銘文がある。

安政二乙卯歳十月二日夜四時大地震、人家倉庫動潰出火数十箇所燃上、圧死焼亡幾千万人不量、又翌三丙辰歳八月廿五日従夜五時大風雨而、家崩海岸川辺者溺死数千万人

図44　両国回向院の安政江戸大地震・安政江戸大風災横死者供養塔

安政江戸大風災

安政三年八月二三日から二五日の大風災は、伊豆半島から江戸の西方を通過した猛烈な台風によって、暴風と高潮が江戸の町を襲ったもので、前年の地震から復興中の江戸の町に与えたダメージは大きかった。高潮によって深川・洲崎・本所から品川一帯の家屋が流失したほか、築地西本願寺の本堂が全壊、高潮によって押し上げられた八百石船で永代橋が半壊するなどの被害が出た。翌年には金屯道人こと仮名垣魯文《かながきろぶん》が、すさまじい風雨の爪跡を多色摺りの絵と文章で伝えるとともに災害が生んだ奇談悲話を紹介した『安政風聞集』を刊行している。人的被害については最大一〇万人とするものから安政江戸大地震の一〇分の一程度とするものまであって実態がつかめないが、両国回向院にある六地蔵供養塔の碑文から高潮に見舞われた沿岸部では一〇〇〇人を超す溺死者がでたとみられる。

「鼠小僧次郎吉の墓」にはいつも多くの人が訪れ、長年捕まらなかった幸運にあやかろうと、お守り代わりに墓の前の石を削る音が絶え間なく聞こえるが、すぐそばにあるこの供養塔に気付く人は皆無といってよい。同じ供養塔でも都の文化財に指定されている明暦大火横死者等供養塔や、区の登録文化財になっている石造海難供養碑群と異なり、説明板すら建てられていない。亡くなった全ての人々を苦しみから救済する六地蔵だけが今も数多の災害横死者を忘れずに佇んでおられる。

安政三年の江戸大風災の供養塔は、高潮による大被害を受けた品川宿の時宗深広山無涯院海蔵寺《かいぞうじ》にもある。正面に名号が彫られた供養塔は、慶応元年（一八六五）一〇月に品川宿の総意により建てられたもので、碑文は海蔵寺の四三世精阿霊暁による（図45）。台石は三段で中台石と下台石には施主や世話人となった品川宿の人々の名がびっしりと刻まれている。石材は伊豆石で、基壇の背面には、相州岩村（神奈川県真鶴町《まなづる》）の石材業者土屋勘兵衛と、地元南品川の石工清三郎・文治良の名前が記されている。

海蔵寺は品川宿の「投げ込み寺」と呼ばれ、境内には近くの鈴《すず》ケ森《がもり》刑場の刑死者や品川宿の遊女などを供養した「首塚（頭痛塚）」や天保の飢饉の犠牲者の「二百五十人塚」か

図45　品川海蔵寺の安政大風災供養塔

らなる無縁塔群（品川区指定文化財）、大正四年（一九一五）造立の京浜鉄道轢死《れきし》者供養塔、昭和七年（一九三二）造立の関東大震火災横死者供養塔などもある。

品川宿の総意によって建てられた江戸大風災の供養塔は、海蔵寺にあるさまざまな無縁供養塔群の中で最も大きく、高潮による犠牲者の多さと人々の深い悲しみを物語っている。

石に刻まれた事故と疫病の記憶

大火を伝える供養塔

両国回向院の供養塔群

東京都墨田区の両国駅を挟んで国技館と反対の南側にある回向院《えこういん》は、創建当初は浄土宗諸宗山回向院無縁寺といい、無縁の文字が示す通り、予期せぬ災害や大事故で無念の死を遂げた不特定多数の人々の供養を担ってきた。山門をくぐると、はじめに「力塚」と呼ばれる相撲関連の石碑群や「木遣《きやり》塚」など、両国の土地柄を反映した石造物が出迎えてくれる。さらに奥に進むと、今なお参拝客が絶えることのない鼠小僧次郎吉のものと伝えられる墓に隣接して、災害や事故の犠牲者の供養塔が林立する一画がある（図46）。

江戸幕府の正史である『徳川実紀』によれば、回向院は四代将軍徳川家綱《いえつな》の後見人であった保科正之《ほしなまさゆき》の発案で、出来たばかりの江戸の街の大半を焼き尽くした明暦の大火の犠牲

図46　両国回向院の災害・事故犠牲者供養塔群

者を埋葬した無縁塚（漏沢園《ろうたくえん》）に端を発する。漏沢園の名称は、中国北宋の時代に設けられた共同埋葬場に由来する。回向院は創建の時からすでに江戸の町で横死した無縁の人々の弔いや供養を執行することが宿命づけられていたようだ。回向院のある両国は隅田川（大川）の東岸に位置する。明暦の大火が発生した一七世紀半ばには両国橋はまだ架けられておらず「川むこう」の両国はまだ江戸の町はずれの新開地で、無縁の人々の葬送にふさわしい場所であった。

寛文七年（一六六七）には、無縁者のために伊豆石で作られた総高二六〇センチメートルもの立派な供養塔が建てられた（図47）。この供養塔は笠塔婆形で、左右側面は蓮華が肉彫りされている。注目されるのは、前面に刻まれた「繫囚牢獄病患死亡諸精霊等」「捨市殃罰殺害前後衆霊魂等」という文言である。殃罰《おうばつ》とは罪の報いとしての罰を指す。この供養塔は、罪を犯し牢獄に繫がれた者・病死した者・世捨て人・天罰を受けた者、殺し殺された者など、成仏できずに迷わざるを得ない非業の死を遂げた人々の魂の救済を目的とする。

享保一八年（一七三三）五月には八代将軍徳川吉宗の命で、前年の享保の飢饉や江戸での疫病による犠牲者の供養と悪病退散の祈禱がこの地で営まれた。同時に行われた隅田川の川開きで打ち上げられた花火が、今日まで続く隅田川花火大会の始まりと伝えられる。

図47　捨市殃罰殺害前後衆霊魂等供養塔

明暦大火横死者等供養塔

明暦の大火から一八年後の延宝三年（一六七五）、回向院の境内に明暦大火横死者等供養塔（東京都指定有形文化財）が建てられた（図48）。江戸城の石垣と同じ伊豆石で作られた高さ約三メートルの笠塔婆形の供養塔には、四面にびっしりと文字が刻まれている。

正面には「三界万霊六親眷属《ろくしんけんぞく》七世父母」（直系の先祖とすべての世界の魂）と、明暦三年（一六五七）一月一八・一九日の火災で犠牲となった「焚焼溺水諸聖霊等」の極楽での修行が進むよう、また「蠢蠢《しゅんしゅん》群生《ぐんじょう》有情《うじょう》」（生きとし生けるもの）全てがみな成仏できるよう、一万日（約二七年間）の期間を定めて念仏を唱え、供養のための仏事を行うことや、願主である回向院二代目住職の楽蓮社信誉貞存上人の名前が記されている。供養塔は大火

図48　明暦大火横死者等供養塔

の一八年後に建てられており、別時念仏《べつじねんぶつ》は供養塔造立後も九年近く続けられたことになる。

右側面には願主の信誉貞存上人、大火の約一か月後に寺社奉行松平勝隆《まつだいらかつたか》の命を受け、七日間の千部供養を行い、回向院を開いた増上寺二三代住職の森蓮社遵誉貴屋上人、増上寺と同じく将軍家の菩提寺で浄土宗の小石川伝通院《こいしかわでんつういん》の登蓮社叡誉聞悦上人など、多くの僧侶の名前が記されている。

裏面には江戸の街の貧民・賤民・行き倒れ人・入水者・獄死者・病没者・世捨て人・天罰を受けた者、殺し殺された者など、明暦の大火以外で非業の死を遂げた人々の霊魂もまた、法然の教えに従い「称名念仏」、すなわち、仏や菩薩の名を口にし、「南無阿弥陀仏」の名号を唱えることで、生き様や死に様の良し悪しにかかわらず、全ての人々が平等に極楽往生できると記されている。

左側面には、回向院三代住職安楽をはじめ供養塔の造立に経済的支援を行った多くの僧侶の名前とともに、数名の男女の戒名が記されている。特別に戒名が刻まれ供養されたのは一体どのような人なのだろうか。

明暦の大火は、西暦六四年のローマの大火、一六六六年のロンドンの大火とともに、世界三大大火に数えられ、地震や空襲に伴う火災を除けば、日本国内で発生した火災としては最多の犠牲者を出したことで知られる。回向院の無縁塚に葬られた人数は二万二人

（『回向院過去帳』）とも一〇万八〇〇〇人（『本所回向院記』）ともいわれ実際のところよくわからない。そもそも、明暦の大火の出火原因や犠牲者数には諸説あり、有名な割に実態が定かでない（黒木喬『明暦の大火』講談社現代新書四九一、一九七七年）。内閣府の災害教訓の継承に関する専門調査会が二〇〇四年にまとめた報告書『一六五七明暦江戸大火』によれば、明暦の大火は、明暦三年（一六五七）一月一八・一九日に発生した三件の大規模火災の総称で、「死者は六万八〇〇〇余人。焼失区域は現在の千代田区と中央区のほぼ全域、文京区の約六〇%、台東区、新宿区、港区、江東区のうち千代田区に隣接した地域一体」という。

江戸開府から約半世紀後に発生した明暦の大火は、首都機能を麻痺させ、「知恵伊豆」の異名で知られる時の老中首座松平信綱が独断で参勤交代の停止や大名の早期帰国を決めるなど、まさに国家を揺るがす非常事態であった。出火の原因や犠牲者数が定かでないのは、当時の混乱状態の表れであろう。

両国回向院を舞台に幕命により大々的に執り行われた明暦大火による物故者の埋葬と供養は、民の遺骸を丁寧に葬り祀ることが仁徳政治の一環なのだという「仁政」の思想に基づく政策であり、幕藩制を揺るがしかねない緊急事態における人心安定策と考えられる。

前述の通り、大火の一八年後の延宝三年（一六七五）に建てられた供養塔は、大火の犠牲者だけでなく、非業の死を遂げた横死者全体の供養を目的としている。この点については、願主である回向院の貞存の宗教思想に因るものとする意見がある（東海林良昌「江戸期における災害物故者への念仏回向について―明暦大火と貞存の思想―」『佛教論叢』五七号、二〇一七年）。一般に供養塔は回忌に合わせて建てられるものだが、延宝三年は該当しない。しかも供養塔に記されている一万日念仏もまだ終わっていない。なぜそのような「中途半端な」段階で供養塔は建てられたのだろうか。供養塔は前年から続く延宝の飢饉の真っただなかに建てられている。近世前期の四大飢饉に数えられる延宝の飢饉では、都市部に流入した貧民と元から都市に暮らす被差別民との間での対立が社会問題化したという（小原亨「『貧人太平記』の創作意識」『論究日本文学』五八号、一九九三年）。供養塔造立の背景には、この時期の都市が直面した社会問題が存在したのではなかろうか。

なお、明暦の大火の火元とされる本郷丸山の法華宗陣門流徳栄山惣持院本妙寺《ほんみようじ》は、現在は豊島《としま》区巣鴨《すがも》に移転しており、そこにも明暦の大火の供養塔がある。本妙寺の本堂裏手にある供養塔は、一七世紀後半に江戸周辺で最も流行った墓石と同じ板碑《いたび》形（光背《こうはい》形）で、表面中央に「妙法蓮華経」、その右に「一業所感焼死群類霊」、左に大火が発生した「明暦三丁酉正月十八九日」と刻まれている。一業所感《いちごうしよかん》とは、前世の同じ業により複数の人が同じ報いを受けることを示す仏語で、多くの人が災害などにあった際、前世の同じ業による報いを受けたことを示すのに使われる。

文政一二年焼死無縁塔（塚）

明暦の大火は、多大な犠牲と引き換えに、江戸の街に暮らす人々に多くの教訓を残した。大火後には定火消《じょうびけし》制度が創設されるとともに、延焼や飛び火防止等さまざまな防火対策が図られ、それによって江戸の街は姿を大きく変えることになった。しかし、そうした防火・消火対策にも関わらず、「火事と喧嘩は江戸の華」といわれるように、その後も大規模火災がなくなることはなかった。とりわけ「空っ風」と呼ばれる北ないし北西の冷たい季節風が吹き続け、その間数十日も一滴の雨が降らないことも珍しくない冬から春先には、乾燥と強風により大火が発生した。

回向院の災害供養塔が集中する一角には、正面に「文政十二丑年三月二十一日 焼死無縁□（□の部分は剥落により判読不能）」とだけ刻まれた、伊豆石製の高さ一〇四センチメートルのさほど目立たない石塔がある（図49）。これは文政一二年（一八二九）三月二一日に江戸神田佐久間町二丁目の材木商尾張屋徳右衛門方から出火し、発生した年に因み「己丑《きちゅう》の大火」、または出火場所に因み「佐久間町火事」と呼ばれる大火の犠牲者の供養のために建てられた。この火災は、明暦の大火、明和九年（一七七二）の目黒行人坂《めぐろぎょうにんざか》の大火とならび「江戸三大大火」の一つに数えられ、江戸の中心部二五九万二〇〇〇坪（約八・六平方キロメートル）を焼き、二八〇一人の死者を出した（池田正一郎編『日本変災通

図49　文政12年佐久間町火事焼死無縁□

志』新人物往来社、二〇〇四年)。火は大川(隅田川)で止まったため、対岸の回向院はかろうじて焼失を免れた。石碑に刻まれた最後の一字は剝落のため判読できないが、他の事例からみて「塔」か「塚」のどちらかであろう。江戸の人々は回向院＝横死者の弔いの場と認識しており、史料の裏付けは取れていないが、明暦の大火の時同様、境内に犠牲者の遺体が埋葬された可能性は相当高い。剝落してしまった最後の一字が「塚」なら石塔の下に遺体が眠っていることが確定できるのだが。

大坂三郷大火焼死水死者追善塔

享保九年（一七二四）年三月二一日の正午頃に大坂南堀江橘通三丁目（現・西区南堀江二丁目）の金屋治兵衛の祖母妙知尼宅から出火した火災は、折からの南からの強風に煽られて燃え広がり、翌日の午後四時頃に鎮火するまでに、大坂城下町を構成する三郷（北組・南組・天満《てんま》組）の七〜八割に相当する四三〇余町約二万八〇〇〇戸（世帯数にして約九万八七〇〇）、土蔵二八〇〇棟を焼き、最大約三万人の死者が出たという（玉置豊次郎『大阪建設史夜話』大阪都市協会、一九八〇年）。出火元に因み「妙知焼《みようちやけ》」と呼ばれるこの火災は、慶長二〇年（一六一五）の大坂夏の陣や昭和二〇年（一九四五）三月と六月の米軍による大阪大空襲を除けば、大阪における史上最大の大火であった。

江戸時代に大坂にあった七ヶ所の墓地（大坂七墓）の一つ南浜《みなみはま》墓地（大阪市北区豊崎の市設南浜霊園）には妙知焼で焼死水死した犠牲者を悼んで五〇回忌の明和九年（一七七二）に建てられた尖頭角柱形の和泉砂岩製の追善塔が存在する（図50）。南浜墓地のある一帯は、北を流れる淀川河畔に遺体を遺棄していたことから「浜の墓」と呼ばれていたが、天平七年（七三五）にこの地を通りかかった行基《ぎようき》が民衆に火葬を伝えたことにより、日本最古の火葬場を伴う墓所が設けられたと伝えられる。江戸末期には約六五〇〇平方メートル（甲子園球場のグランドの約半分）の広さがあったといい、南浜霊園に隣接する地蔵堂

図50　大坂三郷大火焼死水死者追善塔

には地蔵講（市指定無形民俗文化財）が行われている道引《みちびき》地蔵、そこから北に約八〇メートル離れた南浜墓地には貞享四年（一六八七）建立の高さ約一二〇センチメートルの花崗岩製六地蔵（市指定有形文化財）がある。このように南浜墓地は長い歴史性に裏付けられた大坂を代表する無縁葬送の地であり、妙知焼の犠牲者を追善するには実にふさわしい場所であったといえよう。

海難事故の犠牲者の供養塔

海運と海難

鉄道以前の主たる長距離輸送手段は船であった。年貢米や酒をはじめとする諸国の産品を運ぶため航路の整備が図られた江戸時代は、船が最も活躍した時代といえる。一方で、鎖国政策により外洋を航行するのに適した大船の建造は禁じられていた。江戸時代に輸送船として活躍した弁才船《べざいせん》は、速力や凌波性《りょうはせい》に優れていた。しかしその船体は棚板構造のため十分な強度とは言えず、甲板の水密性、舵の不安定、帆の性能などにも構造的な問題を抱えていた。

後述するように、沿岸各地の寺社には海運業者などが航海の安全を祈願して奉納した石造物が多く残されているが、それらは航海の危険性の裏返しでもあった。確かに海運がもたらす利益は大きかったが「板子一枚下は地獄」のことわざが示す通り、それはハイリスク・ハイリターン以外の何物でもなかった。文字通り、海運と海難は紙一重であった。親潮と黒潮がぶつかる日本近海は海の難所が少なくない。なかでも冬季に強い西風が吹く房総半島の東方海上（犬吠埼《いぬぼうざき》沖）は、現在に至るまで海の難所として知られる。一般に中世以前には沿岸を航行する「地乗り」が中心であったのに対して、江戸時代には木綿帆の普及など造船・航海技術の発達により「沖乗り」（中乗り）が広がったとされるが、それでも座礁《ざしょう》する船は後を絶たなかった。

海難事故に関する古記録は大変多い。しかしそれらの全てが本当に起きていたとは限らない。すでに指摘されているように、海難事故を装った抜荷《ぬけに》（密貿易）も結構あったようだ（深井甚三『近世日本海海運史の研究—北前船と抜荷—』東京堂出版、二〇〇九年）。ここでは江戸に建てられた供養塔を例に、石造物に記された海難事故について見てみよう。

両国回向院の石造海難供養塔群

両国回向院の供養碑群のなかには海難犠牲者の供養を目的とするものが複数あり、墨田区の登録有形文化財になっている。このうち明治二年（一八六九）に箱館戦争の援軍として横浜を発ち、上総川津村《かわづ》（千葉県勝浦市《かつうら》）沖で沈没した肥後熊本藩のお雇い蒸気船ハーマン号の乗組員を供養した「溺死四十七人墓」以外の江戸時代に建てられたものについて見てみよう。

【三州平坂・勢州白子・三州高浜舩々一切精霊塔】両国回向院の石造海難供養塔群のなか

で最も目を引くのが、伊豆石で作られたこの帆船形の供養塔である（図51）。総高約一メートル、帆に風を受け、波をかき分け進む船を象《かたど》った姿は、海難犠牲者を海の彼方の極楽浄土へと導くのにふさわしく、石造物愛好家にはよく知られた存在である。加えて碑文に漂流民として名高い大黒屋光太夫《だいこくやこうだゆう》の名前が記されており、その関係でも注目されてきた（山下恒夫『大黒屋光太夫資料集第四巻（江戸漂流記総集別巻）』日本評論社、二〇〇三年）。

この供養塔は「勢州白子・三州高浜船一切精霊」という名称で文化財登録されており、伊勢白子《しらこ》と三河高浜から出向し、遭難死した二隻の船の犠牲者を、三河平坂《へいさか》の人々が供養したものと理解されてきた（亀井高孝「回向院の舟形碑」『日本歴史』一八九号、一九六四年、金子弘「回向院の舟形碑の謎―大黒屋光太夫物語―」『日本の石仏』一〇一号、二〇〇二年）。しかし検討の結果、そうした従来の理解が間違っていることが分かった。

図51　三州平坂・勢州白子・三州高浜船々一切精霊塔

碑文を見てみよう。正面台石に「三州平坂　各霊位」、同じく帆に「同船」の文字とともに船頭彦兵衛以下計七名の戒名と俗名、帆の左右に「寛政元乙酉年霜月朔日卒」、帆柱の背面に「舩々溺死一切精霊」、その右側の帆に「勢州白子　俗名光太夫　同水主《かこ》中　霊」、左手の帆に「三州高浜　弥兵衛舩　乗組中霊」と刻まれている。

素直に碑文に従えば、この供養塔は、寛政元年（一七八九）一一月一日に死亡した三河国西尾藩領平坂湊（愛知県西尾市平坂町）の乗組員七名の供養を主たる目的とし、併せて、伊勢白子の船の乗組員である光太夫と水主、ならびに三河高浜の弥兵衛持船の乗組員の供養を兼ねていると読める。すなわち、供養されている船は二隻ではなく三隻であり、三河平坂は建立者ではなく、主たる供養対象となった船の船籍があった場所と理解すべきと考える。果たしてどちらの理解が正しいのであろうか。答えは、この供養塔のならびにある「勢州白子・参州平坂溺死者供養塔」の碑文にあった。後述するように「勢州白子・参州平坂溺死者供養塔」には五件の海難事故が記されており、そのうち三件がここで問題にしている供養塔と合致する。正面台石に記された三河平坂は建立者ではなく、正面の帆に戒名と名前が記された七名の犠牲者を乗せた船の船籍地なのである。

結論を述べよう。この供養塔は、寛政元年（一七八九）一一月一日に伊豆大島差木地《さしきじ》村（東京都大島町差木地）沖で死亡した三河国西尾藩領平坂湊の彦兵衛の持船松吉丸の乗組員七名の供養を主たる目的とし、併せて、天明二年（一七八二）江戸に向かう途中に駿河沖で消息を絶った伊勢国亀山藩領白子村（三重県鈴鹿市白子）の彦兵衛の持船神昌丸の船頭大黒屋光太夫と水主と、三河国刈谷藩領高浜（愛知県高浜市）の弥兵衛持船の乗組員の供養するために建てられた。

ところで碑に名前が記された大黒屋光太夫は、日本文学大賞を受賞した井上靖の小説『おろしや国酔夢譚《こくすいむたん》』などで数奇な生涯が広く知られている。光太夫は、遭難後ロシアに渡り、エカチェリーナ二世に謁見した後、漂流から約一〇年後の寛政四年（一七九二）、遣日使節アダム・ラクスマンに伴われ帰国を果たした。この供養塔には建立年は記されていないが、上記の点からみて寛政元年一一月から光太夫が帰国した寛政四年一〇月までの間に建てられた可能性が高い。根室に到着した光太夫は、箱館・松前を経て、江戸町奉行池田長恵《ながよし》や御目付中川忠英・間宮信如による尋問、一一代将軍家斉による「漂民御覧」のため、寛政八年一〇月に江戸に移送された。そこから始まる光太夫の江戸での生活は、文政一一年（一八二八）四月に七八歳の生涯を閉じるまで約三一年半に及ぶ。その間、果たして光太夫は両国回向院に建つ自分たちの「供養塔」を目にする機会はあったのだろうか。

【勢州白子・参州平坂溺死者供養塔】伊豆石で作られた丘状頭角柱形の供養塔で、総高は一四〇センチメートルである（図52）。棹石正面には名号に続けて、供養を行った江戸小石川伝通院の徳本行者の名前と花押が記されている。棹石の右側面には、建立者である江

図52　勢州白子・参州平坂
溺死者供養塔

戸大伝《おおてん》馬《ま》町《ちょう》太物問屋中と、撰文と書を担当した龍山の名前が記されている。

棹石左側面には次のように建立の動機と造立年月が記されている。

> 江戸大伝馬町太物店某某船会風波而覆溺死者若干。茲歳開百万遍道場於伝通院大仏堂以営追福因清。徳本行者所書名号以鐫於碑面将使各霊払澄仏果。
>
> 維時文化十一年歳在甲戌八月彼岸時

台石は正面に「勢州白子　参州平阪　各霊」、背面に阿弥陀如来を示す種字キリークを挟んで造立年（文化一一年）と書家の南無仏庵の名前が刻まれている。南無仏庵とは幕府御畳御用達で、仏教学に造詣の深かった著名な書家の中村仏庵を指す。

注目すべきは、台石の左右側面に年代順に刻まれている五件の海難事故の記録である。

①天明二年（一七八二）十二月、江戸に向かう途中に駿河沖で消息を絶った伊勢国亀山藩領白子村（三重県鈴鹿市白子）の彦兵衛の持船神昌丸（船頭は大黒屋光太夫）

②天明五年二月二日に豆州入間《いるま》村（静岡県南伊豆町入間）沖で転覆した三河国刈谷《かりや》藩領高浜（愛知県高浜市）の弥兵衛の持船

③寛政元年（一七八九）一一月一日に伊豆大島差木地村（東京都大島町差木地）沖で転覆した三河国西尾藩領平坂湊（愛知県西尾市平坂町）の彦兵衛の持船松吉丸

④文化四年（一八〇七）一月二九日に伊勢湾口に位置する「志州神島」（三重県鳥羽市神島）で破船した甚七の持船隣通丸

⑤文化一一年五月五日に伊豆国石室崎（伊豆半島最南端の静岡県南伊豆町にある石廊《いろう》崎《ざき》）の海上で転覆した角屋十助の持船

このうち①〜③は、回向院にある帆船形の「三州平坂・勢州白子・三州高浜舩々一切精霊塔」でも確認されることはすでに述べた。おそらくこれら五隻の船には、本供養塔の施主である江戸大伝馬町太物問屋が扱う綿や麻の織物が積まれていたのであろう。

この供養塔と同じく江戸の太物問屋が①の神昌丸の乗組員の三回忌に建てた供養塔が、船頭大黒屋光太夫の出身地である伊勢白子浦にある。三重県鈴鹿市の千代崎港近くの若松

図53　大黒屋光太夫ほか供養塔

東墓地にある供養塔（市指定史跡）は、総高一二八センチメートル、棹石は砂岩、台石は花崗岩で、正面には「南無阿弥陀仏」を挟んで「俗名光太夫」と戒名「釈久味」がある（図53）。左側面には乗組員一四名の俗名、背面には施主である江戸大伝馬一丁目の太物店行事頭の長谷川次良兵衛と市左衛門の名前があり、右側面には次の銘文が刻まれている。

> 白子神昌丸船頭大黒屋光太夫、天明二壬寅年十二月九日出帆白子浦。同十四日於遠州灘逢難風于今不知其到露空。今茲過三年因為船頭水主之菩提造立石塔永令親類為廻向者也。

帰国から一〇年後の享和二年（一八〇二）、光大夫は亀山藩にお預けの形で一度だけ故郷に帰ることが許されており、この供養塔を目にしたものと思われる。自分たちの供養塔を前に、改めて数奇な運命に感慨を馳せたに違いない。

【海上溺死群生追福之塔】高さ四三〇センチメートルと、回向院の供養塔群のなかでひときわ高くそびえる（図54）。棹石は方柱状で頭部に宝珠を載せる。正面に名号とそれを揮毫した増上寺六六世大僧正冠誉と名前と花押を刻む。向かって右側面には「海上溺死群生追福之塔」とある。左側面に刻まれた「若在三塗勤苦之処見此光明皆得休息無復苦悩寿終之後皆蒙解脱」は『無量寿経光明歎徳章』の一節で、「もし三塗、つまり六道の中の地

図54　海上溺死群生追福之塔

獄・餓鬼・畜生の三つの世界で苦しみを受ける者でも、この（阿弥陀仏の）光明を見奉れば、皆その苦しみが休まり、死後には解脱する」という意味である。背面にはこの塔が文政一〇年（一八一三）六月に建立され、安政三年（一八五六）六月に再建されたことが記されている。前年に起きた安政江戸大地震で最初に建てられたものが破損した可能性が高い。

上台石の左側面には、この塔を手掛けた大坂西横堀炭屋《すみや》町の石工御影《みかげ》屋新三郎の名前がある。御影屋新三郎の作品は一七六〇年代から確認でき、幕末に作られたこの塔は、新三郎明尊の作品と思われる。下台石の正面には「菱垣十組廻船」とあり、江戸―大坂間の輸送を担った菱垣《ひがき》廻船十組問屋によって建立されたことが分かる。再建された棹石と上台石は花崗岩で、オリジナルと思われる下台石は伊豆石である。

【紀州大川徳福丸富蔵舩溺死人之墓】伊豆石で作られた丘状頭角柱形の供養塔で、総高は一四八センチメートルである（図55）。墨田区によって建てられた説明板には、「安政四年（一八五七）四月二十日に紀州大川浦（和歌山県和歌山市大川）の富蔵船の乗組員七名が江戸から帰郷の途上、遠州相良《さがら》（静岡県牧之原《まきのはら》市）沖で溺死した」とある。棹石の正面には「紀州大川徳福丸富蔵舩溺死人之墓　安政四巳年四月廿日」とある。建てたのは、台石に刻まれている通り、江戸の樽廻船問屋井上重次郎の代理の彦蔵を中心に、酒屋や荒荷《あらに》方等積合中である。供養塔に刻まれた年月日は、死亡日なのか供養塔が建てられた日なのか。

下村巳六氏は『熊野誌』三五号の「近世海運史の一断面　紀州本宮徳福丸富蔵船溺死人の墓のこと」（下村巳六『熊野の伝承と謎』批評社、一九九五年）のなかで、『諸問屋名前帳』に基づき井上重次郎は江戸南新堀二丁目の廻船問屋であると指摘した上で、徳福丸は江戸に大被害を与えた安政三年八月二五日の大暴風雨で遭難した可能性があるとした。

今回、筆者は、「山は富士　酒は白雪」のキャッチコピーで知られる兵庫県伊丹《いたみ》市の老舗酒造メーカーである小西新右衛門氏文書のなかに、徳福丸の遭難と関連すると思われる記

図55　紀州大川徳福丸富蔵船溺死人之墓

図56　灘目の海難供養碑（右）と白子組の海難供養碑（左）

事を見つけた。それは弘化四年（一八四七）五月二二日に江戸の井上重次郎から小西新六宛に出された「破船入用不足金為替請取覚」と題する書状である（『小西新右衛門氏文書目録（近世編）Ⅱ流通（運輸）』難船二二四―七）。これは井上が破船に伴って資金が不足したため小西から為替を受け取ったことの覚書であり、徳福丸が沈んだのは井上重次郎らによって回向院に供養塔が建てられた安政四年から遡ること一〇年前の弘化四年なのではなかろうか。

祐天寺の海難供養碑

東急東横線の駅名にもなっている東京都目黒区の浄土宗明顕山善久院祐天寺《ゆうてんじ》には、目黒区の有形文化財に指定されている二基の海難供養碑がある（図56）。

【灘目の海難供養碑】総高一六四センチメートル、石材は伊豆石である。棹石は櫛形で、正面は名号と「明顕山祐天寺　祐全（花押）」を刻み、額縁の周りに袈裟《けさ》襷文《たすきもん》を充填する。棹石の右側面には次に示す遭難の様子、左側面には犠牲者三一名の戒名が記されている。

溺死碑

寛政八丙辰之春正月二十三日の夜五更の頃、豆州相州の浦々俄《にわか》に颱風《たいふう》吹おこりて波浪天を浸し地を動し諒《まこと》に雷電の鞫《とどろく》がごとし。然るに摂州兎原《うばら》の郡灘目《なだめ》の船々石尤に吹砕かれて二艘は忽《たちまち》目前に沈めり。時に水主初め三十三人は海底の藻屑となる。嗚乎《ああ》哀なる哉。施主何某等彼人々のために青石を礲《みがき》て此碑を建て、永く菩提を弔ひ、共に因縁をむすばしめんと云爾《しかいう》。

寛政八年（一七九六）正月二三日に相模灘で暴風に遭い灘目（現在の兵庫県灘地方）の酒を江戸に運んでいた摂州大石（兵庫県神戸市灘区）船籍の観力丸と摂州御影（兵庫県神戸市東灘区）船籍の永寿丸が沈没し、三三名の乗組員が犠牲となり、その年にこの供養塔が建てられた。棹石の左側面には犠牲者を弔うため、浄土宗の高僧善導大師が『観無量寿経《かんむりょうじゅきょう》疏《しょ》』で述べた「願わくば此の功徳を以て平等一切に施し同じく菩提心を発安楽国に往生せん」という言葉が記されている。供養を行った祐全は祐天寺の六世住持である。

【白子組の海難供養碑】総高二四九センチメートル、石材は伊豆石である。棹石は丘状頭角柱形で、正面は額縁内に名号と「天下和順　日月清明」「祐天寺祐東（花押）」の文字を刻む。祐東は享和三年（一八〇三）から文政一二年（一八二九）に引退するまで祐天寺九世住職を務めた。棹石の左側面には灘目の海難供養塔と同じく善導大師の言葉、背面には文政四年（一八二一）七月に建立したことが刻まれている。棹石の右側面には次の通り、文政二年一一月一九日に遠州灘で沈没した広寿丸の様子と供養塔造立の経緯が記されている。

上台石背面	下台石左側面
観喜丸	不　明
不　明	三河高浜
覚右衛門	伊勢屋又四郎
文政12年（1829） 2月4日	文久元年（1861） 11月5日
遠江沖	不　明
2	4 1（紀州御米御水主）
1	
1	2 6（親父1・賄1含む） 1
	1
1	
5	8

表4　祐天寺白子組の海難供養碑に刻まれた海難事故と犠牲者数

記載場所				上台石左側面	上台石右側面
船名				勢力丸	広寿丸
船籍				不明	伊勢白子
船主名				三松屋宗助	芳蔵
沈没年月日				天明2年(1782) 12月17日	文政2年(1819) 11月19日
沈没場所				三河渥美郡百村沖	遠江灘
死亡した乗組員の出身地	伊勢	白子	三重県鈴鹿市		
		若松	同上		
		大湊	三重県伊勢市		1
		一色	同上		1
		樫原	同上		1
		松嵜	三重県熊野市		
	志摩	小浜	三重県鳥羽市		3
		片田	三重県志摩市		1
		浜嶌	同上		1
	紀伊	岩浅	和歌山県湯浅町		1
		尾鷲	和歌山県尾鷲市		
	尾張	篠嶋	愛知県南知多町		2
	三河	高浜	愛知県高浜市		
		佐久嶌	愛知県西尾市		
		不明	愛知県		
	遠江	相良	静岡県牧之原市		1
	伊豆	子浦	静岡県南伊豆町		1
		下田	静岡県下田市		1
	阿波		徳島県		
	不明			6	
犠牲者数合計				6	14

溺死銘
夫《そ》れ仏の大慈は偏《ひとえ》に苦者にあり。常没の衆生《しゆじよう》を愍念《びんねん》し玉ふこと、水に溺るる人を急ぎ救玉ふごとくなりと。ここに広寿丸といへる船、文政二卯年十一月四日勢州白子を乗いでしに、遠江灘てふ所にて同月十八日俄に難風吹起り、翌十九日になりぬれども猶はげしくすさまじさなどいふべくもあらねば、乗合十四人のもの死力を尽し働けども嗚呼天災いかがせん。船もろとも人の行衛《ゆくえ》も知れずなりにき。まさに娑婆苦海沈没のありさまかなしむべし。是により施主の人々いたく哀み石をきざみ当寺に建て永く菩提を弔ひ深く阿みだ仏の悲願を仰ぐ。豈弘誓《あにぐぜい》の船救わざらんや。我今瞻《みる》此福廻生安楽土と云爾《しかいう》

上台石正面に刻まれた「白子組」はこの供養碑の施主で、元々、江戸の十組問屋に所属して呉服や木綿を扱っていた伊勢商人の問屋仲間を指す。台石には広寿丸とその前後に起きた三件の海難事故が記録されている（表4）。これらの船はいずれも伊勢や三河から呉服や木綿を積んで江戸に向かう途中に遭難した船とみられる。犠牲となった乗組員の出身地が記されており、貴重な海運資料といえよう。

橋脚落下事故の犠牲者の供養塔

永代橋落下事故

一九九四年に大韓民国ソウル市内で起きた聖水大橋落下事故では三二名、二〇一八年にイタリア北部のジェノバ市内を走る高速道路で起きたポルチェベーラ高架橋（通称モランディ橋）崩落事故では四三名もの尊い命が失われた。日本でも一九九一年に広島新交通システム建設現場で発生した橋脚落下事故は、橋桁上の作業員五名と並行する県道で停車中の車に乗っていた九名の計一四人が死亡する大惨事となった。しかし、江戸時代、それらをはるかに上回る史上最悪の橋桁落下事故が起きていた。隅田川（大川）に架かる永代橋《えいたいばし》の落下事故である。

元禄一一年（一六九八）、五代将軍綱吉の生誕五〇年を記念して隅田川の最河口部に架けられた永代橋は、船の航行の妨げとならぬよう水面からの高さは満潮時でも三メートルを確保し、長さ一一〇間（約二二〇メートル）、幅三間余（約六メートル）と、その当時、江戸で最大規模を誇っていた。

文化四年（一八〇七）八月一五日に一二年ぶりに行われることになっていた深川（富岡）八幡宮の大祭は、降り続く雨のため順延され、開催は一九日になった。当日、日本橋と深川を結ぶ永代橋付近は、早朝からこの日を待ち望む通行人であふれていた。午前一〇時頃、時の将軍家斉《いえなり》の実家である一橋家の面々を乗せた御座船が永代橋の下を通過する間、橋の往来が規制され、規制解除とともに、西から東へ深川方面に向かって多くの群衆が一斉に橋を渡り始めた。その時、突如として橋梁が中ほどから三間ほどが崩落し、多くの人が川に転落した。作家の杉本苑子氏は短編小説「風ぐるま」のなかでこの時の様子を、「水中花がいっせいに開いたように、このとき川面には、派手やかな、さまざまな色彩がぱっと浮き上がった。落ちた人々の衣装、日傘、風呂敷包み、挟箱、あるいは黒髪、化粧もなまなましい顔や手足などが、流れに呑まれ、見え隠れしながら、あがき狂いつつ拡散しはじめたのである」と生々しく描写している（杉本苑子『永代橋崩落』中央公論社、一九八八年）。

史上最悪とされるこの橋脚落下事故による犠牲者数は、発生当時から諸説あり明確とはいいがたい。『東京市史稿変災編第三』に収められている「幕府引継書類」では佐賀町河岸に引き上げられた死体は一三六人（その内引き取り手のあった遺体は一二九名、残る七名は身元不明）とある。この事故を取材し、『源氏物語』の最終巻から題名を借り『夢の浮橋』（『燕石十種』第四巻所収）にまとめた大田南畝《おおたなんぽ》は、溺死四四〇人説と水死人七三二人（うち武士八六人・町人四二四人・女子一〇五人・子供男女七六人）説を併記している。また同じ大田南畝の随筆「一話一言」（『日本随筆大成』別巻第一巻所収）では、事故発生後一〇日が経過した八月二八日までに各所で引き揚げられた水死体は七二二人、届け出のあった行方不明者は三七一人としている。

事故後、無縁仏は事故現場に近い深川寺町通り（江東区深川二丁目付近）にあった黄檗《おうばく》宗永寿山海福寺《かいふくじ》に葬られた。そして事故から百ヶ日に当たる一一月に供養塔が境内に建てられた（目黒区教育委員会『目黒区の名墓と供養塔―石造文化財その三―』、一九七九年）。また五〇回忌に当たる安政三年（一八五六）八月にも溺死者を悼む供養塔が建てられた。明治四三年（一九一〇）、海福寺は目黒区下目黒の現在地に移転し、二基の供養塔も移された（図57）。都の有形文化財に指定されている二基の供養塔を見てみよう。

永代橋崩落横死者百ヶ日供養塔

伊豆石で作られた、高さ四〇六センチメートルの大型の供養塔で、宝《ほう》篋印塔《きょういんとう》と五輪塔《ごりんとう》をミックスさせたような特異な形状である。塔身の正面には仏様の頂点に立つ一字金輪仏頂《いちじきんりんぶっちょう》（＝大日如来）を表す種字ボ

図57　永代橋崩落横死者百ヶ日供養塔（奥）と50回忌供養塔（手前）

ロンが彫られ、向かって左側面→背面→右側面の順で刻まれた文言から、この供養塔は、永代橋落下事故の溺死者の供養のため、文化四年（一八〇七）の一一月に建てられ、海福寺の七代目住職の即文成が文字を誌したことが判明する。

注目すべきは、左に示す上台石に刻まれた文章と溺死者の法名ならびに居住地である。

鄙文

文化四丁卯秋八月十五日、東都冨ヶ岡の祭祀風雨にして十九日に当り、諸人郡《ママ》密し思ひよらず永代橋南の杭六本一倏《ママ》々として水底に八尺余めり込、忽《たちまち》崩落て数多《あまた》の人浸溺死亡するもの其数をしらず。杭にすがり舟に揚り岸に至りて助命する者あり。余は死て川上に満。父子親類有もの馳来り棺を買て尸《しかばね》をのせ家にかへり是を葬る。家に七人の溺死あり。日を経て葬る人なし。憐のあまり計議して此所に葬る。又溺死幽霊の精魂を宥《なだ》めんが為、四方の善者より数千の卒塔婆《そとば》を永代橋の水上に立て、昼夜僧を待て追存（ママ）の営む。然《しか》るに長く命事を得ず。故に卒塔婆を此境内に引移し施餓鬼《せがき》法会をなし、尚厚志の信者より浄財多少にかぎらず是を乞て宝篋印塔を建、仏舎利法華経を納め、溺死亡霊の法名を集め、更に志す処の戒名をよせ、印塔の篋筒に籠塞《こめふさぎ》。冬十月十九日、此印塔建と発し地清め堀けるに、不思議に土中よりいつの世の亡骨に有けるや、かうべ《頭》出る事四十二。内に女と見へし二つあり。これもかかる時あらわれて法果を得ん事と法名を改め、共に供養して長く忌日祭なし無縁の諸精霊に至まで速《すみやか》に解脱《げだつ》して九品の蓮台に遊せんと云云。丁卯十一月百ヶ日。南無阿弥陀仏

この文章を作ったのは、事故の犠牲者を供養のために卒塔婆を建て、施餓鬼法会をし、寄付を募ってこの供養塔建立に尽力した僧侶であり、謙遜して鄙文と冠したのであろう。興味深いのは、この供養塔を建てるために海福寺の境内を掘ったところ、いつの時代のものともわからない四二個の頭骨（うち二個は女性）が出土したため、崩落事故の犠牲者とともに供養したとの記述である。海福寺は、永代橋崩落事故が起きる前から、両国回向院と同じように、無縁者・横死者の埋葬地と位置づけられていた可能性が高い。

表5　文化4年永代橋崩落横死者供養塔に記された溺死者数

記載	溺死者の居住地	成人			子ども		
		男	女	不明	男	女	不明
上台石前面	両　国	3					
	浅　草	3	1		1		
	横山丁	2			1		
	小伝馬	1	1		1		
	神　田	7					
	住吉丁	3			1		
	乗物丁	2					
	小網丁	1			1		
	日本橋	3	1				
	岩付丁	1					
	十軒店	1					
	伊勢丁	1					
	茅場丁	2			1		
	箔屋丁	2					
	木材丁	1					
	槙　丁		2	1			
	霊厳島	3	1		3	2	
上台石左側面	八丁堀	7	1			1	
	京　橋	8	1			1	
	新　橋	3				1	
	木挽丁					1	
	不明（「無縁七人」）	7					
	甲　州	1					
	小名川	2				2	
	砂　村	2	1				
	切通シ	1	1				
	西久保	1					
	飯倉片町			1		1	1

	魚□□（□は判読不能）			1			
	赤　坂	2			2		
	麻　布	4					
	四ツ谷	1					
	麹　丁	2					
	下　谷		1				
	本所小名木沢	3					
上台石背面	深川本郷	5			1		
	湯　島	2					
	八王子	2					
	不明（「無縁」）	1					
	馬喰丁一丁目	1					
小　　計		91	11	3	12	9	1
合　　計		127					

上台石には正面→向かって左側面→背面の順で、居住地別に溺死者の戒名が刻まれており、その数は合計一二七名を数える（表5）。それは、前に述べた「幕府引継書類」にある佐賀町河岸に引き上げられた一三六名の遺体（その内引き取り手のあった遺体は一二九名）に近い。身元不明の遺体七体という数も、「幕府引継書類」と合致する。佐賀町河岸は永代橋の東岸で、海福寺の原位置とは目と鼻の先である。本供養塔は佐賀町河岸で引き揚げられた溺死者のために建てられたとみてよかろう。もちろん、犠牲者の中には別の場所で発見された者や、遺体の上がらなかった者も相当数いたであろう。しかし、一部とはいえ、犠牲者の構成を伝えるこの供養塔の歴史的価値は高い。江戸の町の男女比を反映して、

成人男性が成人女性の八倍近くを占めている。犠牲者の約五人に一人は子どもである。犠牲者の大半は御府内（大江戸）の居住者だが、なかには八王子や甲州の人も含まれている。なお、上台石背面には施主三九名、下台石には発願主三名と世話人三〇名の名前がある。基礎石には追善の和歌三首と供養塔を手掛けた八丁堀の石工忠助の名前が刻まれている。

永代橋崩落横死者五〇回忌供養塔

高さ一七一センチメートル、幅三〇センチメートル、厚さ二二センチメートルの丘状頭角柱形で、石材は伊豆石である。棹石は正面に「永代橋沈溺横死諸亡霊塚」、背面に崩落事故が起きた文化四年八月十九日の日付と施主木場の文字が刻まれている。台石には、本供養塔が安政三年（一八五六）の三月に五〇回忌の供養のために木場によって建てられ、その後、明治一五年（一八八二）九月には七五回忌、明治三〇年一〇月には九一回忌の供養が同じく木場によって行われたことが記されている。

「名所江戸百景」などにも描かれている通り、事故のあった深川は木場（貯木場）の街であった。材木業者にとって、仕事場である隅田川（大川）で起きた大事故は忘れがたく、事故の犠牲者を追悼することで、自分たちの仕事の安全や商売の繁盛を願ったのであろう。

永代橋崩落事故に並々ならぬ関心を示した大田南畝は、「永代と架けたる橋は落ちにけり　今日は祭礼　明日は葬礼」という狂歌を残した。いかにも彼らしい狂歌ではあるが、現代なら不謹慎とされ炎上ものであろう。どこか他人事の蜀山人《しょくさんじん》に比べ、悲しみに寄り添い供養塔を建てた市井の人々に共感を覚えるのだが。

疫病と石造物

病を治す石造物

医学が進歩した今日でも、健康長寿と病の治癒は、常に神仏への願い事の上位にランキングされる。洋の東西を問わず、医学が未発達な前近代社会では、現代人が考える以上に、人々の健康と病の平癒は神仏に委ねられていた。病気や怪我、出産に関連した石造物を調査された川村純一氏によれば、千葉県内では、疱《ほう》瘡《そう》神塔をはじめ、麻疹《ましん》神祠・瘡守《かさもり》稲荷石塔・疫病神塔・癪除《しやくよけ》神塔・咳止め地蔵・とげぬき地蔵・いぼとり地蔵・明眼地蔵・歯神石塔・痔の神石塔等々、実にさまざまな石造物が確認されている（川村純一『石のカルテ　房総の病気を治す石造物』崙書房、一九九三年）。

人から人へと感染する疫病の中でも、死亡率の高い疱瘡（天然痘）・麻疹（はしか）・痢病（赤痢）・箇労痢（コレラ）は、とりわけ江戸時代の人々から恐れられた。

仏教伝来より一足先に大陸から伝わった疱瘡は、感染力が非常に強く死に至る病として長く日本人を苦しめてきた。江戸時代に病と薬を相撲の番付に見立てた「病薬道戯競」（初編）では、疱瘡が堂々トップの大関の座を占めた。天然痘は、治癒した場合でも顔面に醜い瘢痕《そうこん》（あばた）が残ることから、江戸時代には「美目定めの病」と言われた。疱瘡神を祀ることで、疫病の流入を防ぐとともに、罹患した場合の快癒を祈るさまざまな試みがなされた。疱瘡神塔は、「疱瘡神」の文字を刻んだ自然石を村の入り口や神社の境内に建てたものが多く、全国各地にみられる。一方で、近年大きな社会問題として認識されるようになったハンセン病の隔離政策と同じように、江戸時代には疱瘡の罹患によって一家離散や近隣反目が生じることもあった。周防岩国藩や肥前大村藩では疱瘡を恐れるあまり強制的に患者を厳しく隔離する決まりがあったとされ、長崎県大村市内には山中に置き去りにされ息絶えた疱瘡患者を供養するため、自然石に「霊魂塚」と刻んだ碑が残されている（立川昭二『病と人間の歴史』新潮選書、一九八四年）。

麻疹（はしか）は古くは赤疱瘡とも呼ばれ、子どもを持つ親からは疱瘡とともに恐れられる疫病であった。江戸時代には「疱瘡は器量定め、麻疹は命定め」と言われた通り、死亡率では麻疹が疱瘡を上回ることもあった。疱瘡（天然痘）が完全撲滅されたのに対し、医療の現在でも世界中で年間約五〇万人もの人々がはしかで死亡しており、先進国でも患者の千人に一人が命を落としている。疱瘡神塔に比べ数はだいぶ少ないが、麻疹神を祀った祠形の石碑が各地に残されている。

コレラは元々インドのガンジス川下流域のベンガル地方からバングラデシュの風土病であった。それがイギリスのインド経営が引き金となり、一八一七年に初の世界的流行が発生した。日本では文政五年（一八二二）にコレラが長崎に初上陸し、西日本、特に山陰・山陽で猛威を振るった（菊池万雄「江戸時代におけるコレラの流行」『人文地理』三〇―五、一九七八年）。コレラはペストに匹敵する危険な感染症で、これまで七回の世界的流行（コレラ・パンデミック）が発生している。このうち一八四〇年に始まる第三次パンデミックは安政五年（一八五八）に長崎に上陸し、三年にわたり江戸をはじめとして全国で猛威を振るった。安政のコレラによる死者は、当時人口約一〇〇万人の江戸だけでも二八万人を超すといわれ、わが国の歴史上最大の疫病の一つに数えられる（菊池万雄『日本の歴史災害』古今書院、一九八〇年）。コレラが猛威を振るう中、開国が行われたため、舶来の疫病は開国と結び付けて捉えられ、攘夷論に火をつける形となった。

江戸時代、コレラには「虎列剌」のほか、罹患するやすぐにコロリと死亡することから「虎狼痢」や「虎狼狸」の表記がなされた。コレラの供養塔は明治期のものが多く、安政のコレラに関しては、宮城県石巻市蛇田の天台宗東雲寺《とううんじ》の狐狼痢碑（安政六年造立）や神奈川県茅ケ崎市行谷の曹洞宗宝蔵寺《ほうぞうじ》の狐狼痢除百万遍供養塔（文久二年造立）などわずかしか確認できていない。そのなかで次に紹介する埼玉県越谷《こしがや》市大泊の浄土宗大龍山東光院安国寺《あんこくじ》にある供養碑は、安政のコレラに対する当時の人々の反応を知る上で、とても貴重な歴史資料である。

安国寺の安政コレラ供養碑

本体は泥岩の自然石で高さ一七〇センチメートル、幅二五センチメートル、正面中央に名号、右に安国寺の山号である大龍山、左に安国寺の住職宏善上人の法名である行誉の名前と花押を記す（図58）。本体背面には次の通り、碑の造立の経緯と造立年、石工の名前が刻まれている（碑文の解読には加藤幸一氏の協力を得た）。

図58　安国寺の安政コレラ供養碑

去年の七月はかり《ば》　いとあやしき疾出来《やまいしゅったい》　初て世中《よのなか》　なへ《べ》てやミ《病み》　ののしり《（勢い盛ん）》　医む
かへ《え》ん　ひまた《だ》にあらて《で》
あはれ《哀れ》にも　はかなく《儚く》うせ《失せ》にし人よ　いくそハく《幾十許＝幾許》か　かそ《数》へも尽《つくせ》ぬ　それか《が》為にとて
八月廿七日より
十月望《もち》の日までこころある限《かぎり》　此精舎につとひ《集い》　種々の手向《たむけ》して　昼夜わかす《分かず》　弥
陀仏の御名唱へ《え》て　懇《ねんごろ》ニ
とぶらひ《弔い》つる　此ひとびとにハ　露もやミ《病み》たるハあらさ《ざ》りき　せらるハ《（何かをするのは）》　おのか《が》
志しの為にとて　物せしにハ
あらねと《ど》　其功徳の自《おのれ》にむくひ《報》きぬる故にやあらんと　いともたふとく《尊く》　覚えて
此度《このたび》碑をつくり
尚もとてなん　かかれハ《（このようであるから）》　いよいよ　此世は万《よろず》の禍事《まがごと》をのかれ《逃れ》　さきく《（幸いに）》
なからへて《永らえて》　後の世は彼《かの》人々とともに
一つ蓮の台にのり　常に月の御面《みおもて》をあふかん《仰がん》事　疑ふへ《べ》くもあらす《ず》なん　其所由《（理由）》し
る　さまざま
言葉の拙《つたな》きを　かへりみす《省みず》　やかて《が》筆をとる
人の身は　あさき《浅き》ねさし《根ざし》の　芝なれや　しもの《霜》おく《置く》にも　かれぬは《枯れぬば》かりそ《ぞ》

ミつせ川《三途の川》　わたり《渡り》わつらふ《煩う》　人しあらハ《ば》　手火をしとりて《取り》　しるへ《導べ》をハせん

安政六年十月

行誉宏善

石工春日部宮仙蔵

台石は高さ三五センチメートルで、正面に万人講、側面には石碑の造立にかかわった三五の地域やそこに住む五〇名余の世話人と七名の発願主の名前が記されている。

石碑の本体と台石に記された碑文から、コレラの流行に対して人々がとった行為や石碑が建てられた理由が判明する。

この地域では安政五年の七月頃から大変奇妙な病（コレラ）が流行し始め、すぐに蔓延し、医者を迎える間もなく何人もの数え切れぬ人々が命を落とした。彼らのために八月二七日より一〇月一五日までの間、可能な限り安国寺に集まってさまざまな物を仏前に供え、昼夜を分かたず名号を唱えて心を込めて弔った。これら万人講の人々は少しも罹患することはなかった。そうした行為は自分たちの志から出たものであって、病を遠ざけようと意図したわけではないが、そうした功徳がおのずと報われたからであろうと、大変尊く感じられたので、春日部の石工宮仙蔵に頼んで安政六年一〇月にこの碑を造った。撰文と書は安国寺中興第二五世住僧宏善上人による。石碑造立により現世では万時災難を逃れ無事に

表6　安国寺の安政コレラ供養碑造立に関与した地域と人

現市町名	石碑の旧村名	惣村志中	世話人数	発願主
越谷市	大里村	○	1	
	大沢町		1	
	大杉村	○		
	大竹村	○		
	大泊村		13	
	大林村	○	2	
	大房村	○		
	大松村	○		
	大道村	○		
	恩間村	○		
	上間久里村	○	8	
	川崎村	○		
	越谷宿		講中+1	
	三ノ宮村	○	1	
	下間久里村	○	5	
	大吉村	○		
	平方村	○	2	
	船渡村	○	3	
	向畑村	○		
	弥十郎村	○		
	山谷組		2	
	院内(安国寺)		1	講中
春日部市	一ノ割村	○	3	
	大枝村	○	2	
	大畑村	○		
	大場村	○		
	中野村	○		
	備後村	○		

さいたま市岩槻区	岩付城内		1	
	末田村	○		
	高曽根村	○		
	野嶋方組	○		
	深作村		1	
松伏町	大川戸		講中+3	
三郷市	前谷村		1	
吉川市	下内川村		1	
不明	不明(大泊村？)			6

永らえて、あの世ではコレラで亡くなった人々と一緒に極楽で一つの蓮台にのり、常に月の光の照らす面を仰げることは間違いないであろう。言葉の稚拙さを顧みることなく引きつづき筆をとって二首の和歌を詠み石碑に記した。

　万人講はその名の通り、たいへん多くの人々が参加していたようだ。台石に記された村名から、現在の自治体でいえば、北は春日部《かすかべ》市南部から南は東京都に接する三郷《みさと》市まで、東は千葉県に隣接する松伏《まつぶし》町や吉川市から西はさいたま市岩槻《いわつき》区まで、埼玉県東南部一帯から人々が参加していることが確認できる（表6）。万人講を率いた安国寺中興第二五世住僧行誉宏善上人はよほど人望があったと見え、安国寺にある明治二六年（一八九三）に作られた上人の墓には静座姿の上人の銅像が載り、台石には墓の造立にかかわった七六〇名もの人名が刻まれている。

　人々は猛威を振るう見慣れぬ病を前に何の手の打ちようもなく、もはや病に斃《たお》れた人々の冥福を祈ることしかできなかったのであろう。幸いにもこの地域では石碑が建てられた安政六年一〇月まではコレラは一応の収束をみたようだ。コレラの到達から収束までの一年三ヶ月の間、碑に記された和歌に詠われているように、人々は人の命の儚《はかな》さと、信仰心に根差した共助の精神を再確認したに違いない。

遊女と刑死者の供養塔

遊女供養塔

箱館開港と遊女

日本海と太平洋を結ぶ津軽《つがる》海峡に面した函館《はこだて》（箱館）は、地政学的には関門《かんもん》海峡に位置する下関《しものせき》・門司《もじ》以上にポテンシャルが高い。函館山に守られた天然の良港を擁するうえ、周辺は質の高い昆布の名産地でもあることから、箱館は一四世紀にはすでに本州と北海道とを結ぶ交易場として栄えていた。松前《まつまえ》藩政下では、城下の松前（福山）が第一の湊であり、箱館は江差《えさし》とともに長い間その下に甘んじていたが、寛政元年（一七八九）それまで福山での点検・納税が義務づけられていた東蝦夷地からの船荷が箱館で荷揚げできるようになったことが、箱館繁栄の糸口となった。続く寛政一一年の知内《しりうち》川以東の和人地と東蝦夷地全域の幕府直轄地化が、その後の箱館の繁栄に繋がった。そして享和二年（一八〇二）の箱館奉行の任命に続き、文化元年（一八〇四）には箱館奉行所が設置され、箱館が幕府による東蝦夷地経営の中心拠点となった。

今日に繋がる繁栄を決定づけたのが、幕末安政の五ヶ国修好通商条約に基づき行われた安政六年（一八五九）の箱館開港である。開港に伴い外国貿易を幕府の完全な管理下に置くため箱館物産会所が設置され、そこから得られる利潤で蝦夷地の警備と開発が図られることとなった。さらに外国船による攻撃に備えるため、五《ご》稜郭《りょうかく》・弁天台場など幕府による建設が相次いだことも箱館の繁栄に拍車をかけた。松浦《まつうら》武《たけ》四郎《しろう》は『蝦夷日誌』のなかで、箱館の繁栄の様子を「其風景住《すみ》の江《え》の岸にもまさり」と述べ、幕末の箱館が大坂にも勝るほど繁栄していたと記録している。現在でこそ、北海道の全人口の三割強が札幌に集中しているが、札幌の人口が函館を初めて上回ったのは一九四〇年であり、札幌に開拓使が置かれた後ですら七〇年間も函館は道内最大の都市であり続けた。古来都市や湊町に遊女はつきものである。まして国際貿易港ともなれば、その数は単なる湊町の比ではない。

「元治二年箱館新廓遊女屋細見一覧」によれば、開港から六年後の元治二年（慶応元年・一八六五）、箱館の山ノ上遊廓には遊女屋二五軒、異人揚屋一軒、会所・見番各一軒、引手茶屋二一軒があり、遊女三二九人、男芸者五人、女芸者一一三人がいたとされる（函館市史編さん室編『函館市史通説編二』、一九九〇年）。ちなみに箱館と同じ年に開港した横浜の場合、開港に合わせて営業を始めた港崎遊廓には一五軒の遊女屋があり、約三〇〇人の遊女が働いていたという。幕末の箱館は、横浜と並び日本有数の遊女の街でもあった。

山ノ上遊廓内遊女屋有無両縁塔

函館山の北西麓、町はずれの曹洞宗延命山地蔵寺の境内入口には山ノ上遊廓の遊女たちの供養塔がある（図59）。総高約四・五メートル、花崗岩製の笠塔婆形で、棹石の正面に「有無両縁塔」、背面に「維時元治元甲子歳終夏六月仏歓喜日」とある。仏歓喜日は本来、盂蘭盆会《うらぼんえ》が行われる七月一五日を指していたが、のちに七月だけでなく毎月一五日を歓喜日と呼ぶようになった。この供養塔が建てられたのは、元治元年（一八六四）六月一五日ということになる。台石には施主である廓内遊女屋二五軒の経営者と七名の世話人、石工長松の名が記されている。

　供養塔に刻まれた二五名の施主名と「元治二年箱館新廓遊女屋細見一覧」に記載されている遊女屋二五軒の経営者の名前は完全に一致する。つまりこの供養塔は、開港を翌年にひかえた安政五年（一八五八）に山ノ上町（現在の函館市船見町付近）に開設された遊廓の経営者二五名全員が施主となり、死亡した遊女を供養するため、元治元年当時、山背泊《やませどまり》の地蔵堂があったこの地に建てたということになる。二五名の遊女屋のうち、五名は女性経営者である。

　ところで幕末の元治元年にこの花崗岩製の供養塔を手掛けた石工長松とはいかなる人物であろうか。実は同一人物と思われる石工の作品が、函館から東へ直線距離にして約三七

○キロメートルも離れた、北海道厚岸《あっけし》町の臨済宗南禅寺派景雲山国泰寺《こくたいじ》に存在する。国泰寺は、有珠《うす》の浄土宗大臼山道場院善光寺や様似《さまに》の天台宗帰嚮山厚沢寺等澍院《とうじゅいん》とともに、幕府が蝦夷地に赴く役人や出稼人の和人を対象とした供養とキリスト教の排除を目的として、文化元年（一八〇四）に東蝦夷地に設けた「蝦夷三官寺《えぞさんかんじ》」のひとつである。国泰寺のものは、箱館の遊女供養塔から遡ること二三年前、天保一三年（一八四二）に建てられた花崗岩製の仏牙舎利塔《ぶつがしゃりとう》で、「松前石工二代長松　箱館石工二代善七」の銘を持つ（図60）。箱館の遊女供養塔は松前の石工長松によって製作されたとみてよいであろう。

図59　山ノ上遊廓内遊女屋有無両縁塔

山ノ上遊廓の設置から供養塔が造立されるまでの六年間に一体何人の遊女が命を落とし

図60　厚岸国泰寺の仏牙舎利塔

たのであろうか。全遊女屋の総意のもとに建てられた大きく立派な供養塔には、遊女屋の贖罪《しょくざい》とさらなる商売繁盛への願いが込められているように思える。

奥州・日光道中千住宿の遊女

千住宿《せんじゅ》は、江戸日本橋から北へ二里、奥州道中・日光道中の最初の宿場で、元禄二年（一六八九）三月二七日、奥州へ旅立つ松尾芭蕉《まつおばしょう》が矢立《やたて》初めの句（「奥の細道」の最初の句）「行く春や 鳥啼《とりなき》 魚の目は泪《なみだ》」を詠んだ地としても知られる。千住宿ははじめ千住五ヶ町から構成されていたが、万治元年（一六五八）に掃部《かもん》宿、寛文元年（一六六一）には小塚原《こづかはら》町・中村町が加わったことで、八ヶ町合わせて総延長は南北三五丁に及んだ。五街道の起点である日本橋から最初の宿場（江戸四宿）である品川宿（東海道）・千住宿・板橋宿（中山道）内藤新宿（甲州道中）のなかで、千住宿は家数・人口とも最大の宿場であった。

江戸の街における幕府公認の遊廓である吉原に対して、江戸四宿や寺社門前地・広小路などの岡場所にいる飯盛女《めしもりおんな》（飯売女・食売）は非公認の私娼であり、時として取り締まりの対象となった。しかしいくら取り締まりを重ねようと、私娼に対する需要がある限り、岡場所の拡大を食い止めることはできなかった。明和元年（一七六四）には、旅人の減少により宿場の旅籠が衰退したため、飯盛女の数を一軒につき二人という制限が廃止され、品川宿には五〇〇人、千住宿には一五〇人の飯盛女を置くことが許可された（「品川宿食売増人御免一件之書留」『東京市史稿』産業篇第二一所収）。明和元年の岡場所に対する規制緩和は田沼時代の影響であり、田沼失脚後の松平定信《まつだいらさだのぶ》による寛政の改革や水野忠邦《みずのただくに》の天保の改革では、再び岡場所の取り締まりが強化されたという（平田秀勝「江戸における岡場所の変遷」『常民文化』二〇、成城大学、一九九七年）。

落語「藁人形」は、千住宿小塚原町の食売旅籠《はたご》の若松屋の女郎おくまに托鉢《たくはつ》でため込んだお金を騙《だま》し取られた千住河原に住む願人坊主の西念が、藁人形でおくまを呪い殺し、金を取り戻そうとして失敗する噺である。呪詛《じゅそ》の満願が成就する直前に鍋の中の藁人形を発見された西念は、なぜ藁人形に五寸釘を打たないのかと問われ、「釘じゃきかねえ。奴（おくま）はたしか、糠屋の娘だ」と答えることで、「糠に釘」のオチが付く。落語「藁人形」は、千住宿と女郎とが人々の意識のなかで密接に結びついていたことを物語っている。

千住不動院の食売旅籠遊女供養塔

新義真言宗白幡山不動院の本堂に伸びる参道の左手にある。総高一七五センチメートル、伊豆石製で、丘状頭角柱形の棹石には、正面に「無縁塔」、向かって左側面に「万延元年庚申九月」と刻まれている（図61）。台石は三段で、真ん中の台石には正面に大きく「大塚屋」、左右の側面には千住宿の食売旅籠屋の経営者二六名の名前と「大塚屋寄子中」、すなわち大塚屋の奉公人が世話人として刻まれている。さらに世話人に続けて「十一月八日　俗名市五郎　松嶋屋内

図61　千住不動院の食売旅籠遊女供養塔

なか」とある。この無縁塔は大塚屋を中心として、千住宿の食売旅籠屋が店で働く飯盛女の供養のために、万延元年（一八六〇）九月に建てたものであるが、供養塔造立直後の一一月八日に死亡した食売旅籠屋の松島屋市五郎の供養も兼ねていることになる。

金蔵寺の千住遊女供養塔

天保の飢饉供養塔ですでに本書に登場している東京都足立区千住の真言宗氷川山地蔵院金蔵寺には、千住の遊女の供養塔として区の有形文化財に登録されている石造物がある（図62）。しかし刻まれた文言を検討した結果、単純に遊女供養塔とは呼び難い複雑な内容を持っていることがわかった。

この供養塔は丘状頭角柱形の棹石に三段の台石からなる。棹石の正面には中央に名号、

図62　金蔵寺の千住遊女供養塔

その左下に宏善の名前と花押がある。棹石の左側面には「一千五百遠忌引塔」の文字の下に弘法大師の図像が彫られている。棹石背面には「無縁法界万霊塔　明治十四巳年八月廿四日再建　当院現住増田蓮舟」とある。棹石右側面の刻字は次の通りである。

三界万霊六親眷属七世父母
天下泰平　享保十二年願主方誉西順
大乗妙典六十六部廻国供養
国家安全　未十月吉日
万人講中二世安楽
武州下足立郡渕江領
千住掃部宿俗名
三谷彦兵衛

以上、棹石の四面の刻文から、この供養塔は、享保一二年（一七二七）に千住掃部宿の三谷彦兵衛によって建てられた六十六部廻国供養塔を、明治一四年（一八八一）に金蔵寺の住職増田蓮舟が再建したものであり、同時に法界万霊塔《ほうかいばんれい》と弘法大師の一〇五〇遠忌塔を兼ねていたことが判明する。法界万霊とは有縁無縁の別なく全ての精霊を指す。弘法大師空海は承和二年（八三五）に高野山で入定《にゅうじょう》しているので、確かにこの塔は没後一〇五〇年を前に建てられている。正面に名前と花押のある宏善は、本書で取り上げた安政のコレラ碑（一八九頁参照）の造立にも関わった埼玉県越谷市の安国寺中興第二五世住僧行誉宏善上人その人である。

次に中台石の刻字をみてみよう。正面に大きく「日禅講」とあり、左側面には石塔世話人五名と日禅講世話人七名、檀中惣代二名、寺世話人一名の名前が刻まれている。中台石の背面には、石塔を製作した三名の石工（当町・庄五郎、川原・万治良、三輪・勘吉）と、施工を担当した七名の鳶《とび》の名前が記されている。

中台石の右側面と下台石には、供養の対象となった人々の戒名がある（表7）。中台石の戒名が、書式や格からみて食売旅籠の経営者の先祖や身内とみられるのに対して、下台石には食売旅籠屋別に、店で働く飯盛女や奉公人と思しき人々の戒名が刻まれている。下台石にある戒名は、成人女性一四〇名に対して成人男性二〇名、女児一〇名、男児六名と、圧倒的に女性の比率が高い。戒名も二信女や二清女主体で、戒名の格からみても遊女にふさわしい。ただ注意しなければならないのは、成人女性に比べ少ないとはいえ、成人男性や子どもも含まれている点である。この供養塔は単に遊女たちのために建てられたわけではない。遊女を含む食売旅籠の奉公人、さらにはその経営者を含めた幅広い人々が供養の対象となっている。その意味では、文字通り法界万霊塔なのである。

表7　金蔵寺「千住宿遊女供養塔」の供養対象者

位置		旅籠屋名/人名	成人女性					成人男性						女児		男児		先祖代々
			4信女	2清信女	2善信女	2信女	2法尼	院2居士	4居士	2居士	4信士	2清信士	2信士	4童女	2童女	2童子	2法子	
中台石	右側面	個人名A																○
		大黒屋内	2													1		○
		個人名B																
		個人名C																
		個人名D																
		個人名E※1	1								1							
		個人名F※2	1															
		個人名G※3						1										
		中台石　小計人数	4					1			1					1		
		中台石　合計人数	4					2						0		1		
下台石	前面	大黒屋		4					1			1	1		6	4		
		槌屋万吉											1					
		中田屋＊	1	11	1	5									1			
		佃　屋		3		1						1						
	左側面	藤木屋		3		12												
		和泉屋＊		2		4												
		花　屋		1								1						
		小林屋	2	13												1		
		岩槻屋		3		5												
	背面	丸　屋		2		10									1			
		松村屋＊				8												
		小山氏		1								1						
		柏　屋＊		3		4												
		大　耕		3														
		新山本		4		2												
		吉田屋		2		1									1			
		鈴　木								1								

位置		旅籠屋名/人名	成人女性					成人男性						女児		男児		先祖代々
			4信女	2清信女	2善信女	2信女	2法尼	院2居士	4居士	2居士	4信士	2清信士	2信士	4童女	2童女	2童子	2法子	
下台石	右側面	松島屋＊		3		8							1					
		新富町宗次良											3					
		靏中田屋				7							2					
		靏　本		1		2												
		大　信										1						
		太　東＊		1														
		植　軍				1												
		本且一丁目新蔵	2			3	1					2	3	1			1	
下台石 小計人数			5	60	1	73	1	0	1	1	0	7	11	1	9	5	1	
下台石 合計人数			140					20						10		6		
中台石・下台石 総人数			183															

(1)　※1＝明治4・15年没　※2＝明治14年没　※3＝千住1丁目

(2)　＊＝千住不動院の万延元年(1860)建立「食売旅籠遊女供養塔」に名前のある旅籠屋

幕末から明治へと移り行く世にあって、コレラで斃れた人々や薄幸の宿場の遊女といった横死者へまなざしを向けた安国寺の行誉宏善上人は、とても魅力的な人物に思える。

甲州道中内藤新宿の遊女供養塔

甲州道中の最初の宿場は、はじめ高井戸《たかいど》宿（東京都杉並区高井戸）であったが、日本橋から四里と遠く物資輸送に不便との理由で、元禄一二年（一六九九）、江戸から二里弱で青梅街道との分岐点となる内藤新宿（東京都新宿区新宿）が開設された。内藤新宿の設置は浅草商人の願い出によるものであり、幕府へ五六〇〇両の上納金を納めることで許可された。彼らは内藤新宿に岡

図63　内藤新宿成覚寺の子供合埋碑

場所としての繁栄を期待していたという（吉原健一郎「岡場所と島」『国文學解釈と教材の研究』三八—九、学燈社、一九九三年）。しかし享保の改革の風紀取り締まりをうけ、宿駅よりもむしろ岡場所として繁栄していた内藤新宿は、開設からわずか二〇年足らずで、享保三年（一七一八）に廃駅となる。明和元年（一七六四）、宿場の旅籠の衰退をくい止めるため、飯盛女の数を一軒につき二人までとする制限が緩められたのに続き、明和九年には半世紀ぶりに内藤新宿の再興が認められ、板橋宿・千住宿と同じく飯盛女一五〇人を置くことが許可された。

東京都新宿区新宿二丁目の浄土宗十却山無量寿院成覚寺《じょうかくじ》は、内藤新宿の投げ込み寺と呼ばれ、境内には区の有形文化財に指定されている遊女の供養塔が二基ある。

子供合埋碑（図63）は元々、成覚寺の奥の惣墓《そうばか》と呼ばれる共同墓地にあったが、昭和三一年に土地区画整理が行われた際に現在地へ移設された。伊豆石製で、総高一五五センチメートル。丘状頭角柱形の棹石の正面に「子供合埋碑」、上台石の正面に「願主旅籠屋中」、同じく右側面に「万延元庚申十一月良辰　世話人山口屋栄七　当山二十四世順誉代」とある。子供とは年季奉公に出されていた飯盛女を指しており、本供養塔は万延元年（一八六〇）に山口屋栄七をはじめとする内藤新宿の食売旅籠屋の経営者たちによって、遊女たちのために建てられたことが判る。

お参りすると夜泣きが治まることから「夜泣き地蔵」とも呼ばれる旭《あさひ》地蔵は、地蔵菩薩坐像を乗せた蓮華と反花《かえりばな》のある上台石と間の円柱状の石に、寛政一二年（一八〇〇）五月から文化一〇年（一八一三）四月までの間に宿場内で不慮の事故死を遂げた一八名の人々の戒名を刻んだ三界万霊塔である（図64）。過去帳との照合から戒名が刻まれた一八名中、七組は心中を遂げた遊女とその客で、残る男性三名と女性一名も相方が死に損なった心中者と伝えられる。「翻迷信士」「脱愛信士」「離欲信女」「離患信士」「離悩信女」などいかにも心中者らしい戒名が刻まれている。上台石は正面に「三界万霊」、左側面に「寛政十二庚七月吉日　願主高松氏総宿中」とあり、右側面には男性一名と女性二名の戒名が刻まれている。以上のことから、この供養塔は、寛政一二年に高松氏をはじめとする内藤新宿の総意に基づき、心中した遊女など宿場での横死者のために建てられ、その後、同様の横死者が出るたびに追刻していったと考えられる。

図64　内藤新宿成覚寺の旭地蔵（右）と移設碑（左）

旭地蔵の呼び名は、元々、新宿御苑の北側を流れていた玉川上水北岸の旭町（新宿四丁目）の天龍寺橋の側にあったことに由来する。旭地蔵の傍らには明治一二年（一八七九）に道路拡幅に伴い現在地へ移設し、施餓鬼《せがき》法要を営んだことを示す碑が建てられており、施主として豊島屋・伊勢屋・中村屋など内藤新宿の二四軒の食売旅籠屋が名を連ねている。なお、旭地蔵の下台石の左右側面には幕末から明治初めに亡くなった遊女と思われる女性の戒名がびっしりと刻まれている。明治一二年の移設碑と同じ石材が使われており、旭地蔵の移設に伴い、新たに遊女たちの供養が行われた際に作られたものと考えられる。旭地蔵の台石には、江戸から明治にかけての内藤新宿の遊女の悲しい歴史が文字通り積み重ねられている。

子供合埋碑の隣にある白糸塚（新宿区認定地域文化財）は、享和年間（一八〇一〜〇四）に起きた青山百人町に住む鈴木主水《もんど》という侍と内藤新宿橋本屋の遊女白糸との情死に関する俗謡（鈴木主水白糸口説節《くどきぶし》）に由来する。これを三代目桜田次助が歌舞伎に仕立てた「隅田川対高賀紋《ついのかがもん》」は浅草猿若《さるわか》町の市村座で演じられ人気を博した。白糸役の二代目坂東《ばんどう》秀花《しゅうか》が、嘉永五年（一八五二）に興行成功のお礼として設けたのが白糸塚である。塚の上に据えられた自然石には、右側に「白糸塚」、左側に「すえの世も　結ぶえにしや　糸柳」と自作の句を供え、「嘉永子《ね》のとし二代目志うか」と彫られている（図65）。

図65　内藤新宿成覚寺の白糸塚

明治以降も成覚寺のある新宿二丁目は、

「新宿遊廓」「赤線地帯」「LGBTタウン」と姿を変えつつも一貫して風俗産業とともに歴史を重ねてきた。果たして遊女たちはこの地で成仏できているのか、いささか気になるところではある。

刑死者の供養塔

すでに紹介した両国回向院の供養塔に記されている通り、横死者のなかには刑場の露と消えた人々も含まれる。遊女供養塔に登場した千住宿の南には、品川宿に隣接する鈴ヶ森と並ぶ江戸の二大仕置場である小塚原《こづかはら》刑場があった。

小塚原の首切り地蔵

小塚原刑場跡や刑死者の供養を担っていた小塚原回向院にある吉田松陰や頼三樹《らいみき》三郎《さぶろう》の墓は、荒川区の史跡に、橋本左内《はしもとさない》の墓は同じく区の有形文化財に指定されている。

慶安四年（一六五一）に設置された小塚原刑場は日光道中に面しており、間口六〇間（約一〇八メートル）、奥行三〇間余（約五四メートル）、約一八〇〇坪の敷地があった。鈴ヶ森と異なり小塚原では、磔刑《たつけい》・火刑・梟首《きょうしゅ》（獄門）の執行だけでなく、「牢死・死罪之屍・町町行倒・寄場御人足等」などの無縁者の遺体埋葬、さらには刑死者の遺体を用いた

図66　小塚原刑場跡の「首切り地蔵」

試し切りや腑《ふ》分け（解剖）も行われた。

平成一〇年度（一九九八）、常磐新線つくばエクスプレスの工事中に一〇四体もの頭蓋骨が発見されたのがきっかけとなり、小塚原刑場跡は周知の遺跡（埋蔵文化財包蔵地）に登録された。二〇〇二年には常磐新線関連工事に伴う発掘調査が行われ、一平方メートルあたり平均二体という驚くべき密度の骨塚（人骨に土が混じる「混土骨層」）が検出されている（八代和香子・水山昭宏「南千住回向院別寮埋葬地の調査」『江戸遺跡研究会会報』九一、二〇〇三年）。

小塚原回向院から分れた浄土宗豊国山延命院《えんめいいん》の境内にある高さ一丈二尺（約三・六メートル）の巨大な石造地蔵菩薩坐像（荒川区指定有形文化財）は、「小塚原の首切り地蔵」として知られる（図66）。首切り地蔵は、現在、JR常磐線と地下鉄日比谷線の高架に挟まれ、日々鉄道を利用する通勤客から見下ろされているが、本来は日比谷線の高架と交差するJR貨物線（隅田川貨物線）の南側にあり、線路の敷設に伴い明治二八年（一八九五）に現在地へ移設された。首切り地蔵は花崗岩製で、本体二五個、台座八個の石材を寄木細工のように組みあげて作られている。二〇一一年の東日本大震災で左上腕部が接合部から落下・破損し、胴体にもずれが生じたが、翌年無事修復された。

小塚原刑場（跡）の絵や写真には必ずといってよいほど登場する首切り地蔵は、今も昔も刑場（跡）のシンボル的存在といってよい。作られたのは寛保元年（一七四一）で、地蔵の本当の名前は首切りとは真逆の延命地蔵尊である。

延命地蔵尊は、右手に錫杖《しゃくじょう》、左手に宝珠をもち、蓮華座の上に座しておられる。蓮華座の下の八角形の台座には、「天下泰平　奉納経　国土安穏」（正面）、「御免　寛保元年八月日」（左側一面）、「願主東都浄心　大坂西横堀住石工中村屋半六」（背面）とともに、施主の七名（木場深川の伊八、海辺大工町の喜之助、木船町の五郎兵ヱ、花町の利右ヱ門、横山町の長左ヱ門、相模屋七左ヱ門、伊勢屋新八）と地元住民と思われる四名（山田源五郎　いせや久兵衛　吉川玄随　ささきや隠居）、「建方寄進」をした「に組」「十二組」と石工本町の平三郎と富五郎の名前が記されている。木場深川は現在の江東区木場、同じく海辺大工町は江東区清澄の小名木《おなぎ》川沿岸を指す。花町は本所花町（墨田区緑四丁目）、本船町と横山町は日本橋の一部である。延命地蔵尊の造立資金は、深川や日本橋と千住宿の厚志者から寄せられたようだ。

建方寄進とは、この延命地蔵の施工の協力者を指す。「に組」は享保五年（一七二〇）に創設されたいろは四十八組のうち一番組に属する町火消で、横山町や馬喰《ばくろ》町周辺を担当した。「十二組」は本所・深川十六組のうち本所の大部分を受け持つ北組に属する町火消である。彼らの火消としての持ち場は両国橋周辺で、施主として名を連ねている深川や日本橋周辺の人々と地縁を有する。彼らは、大坂で製作され船で江戸に運ばれてきた地蔵尊を、小塚原刑場まで運搬し、組み立てる際に労働力を提供したと考えられる。

延命地蔵を手掛けた大坂石工の中村屋半六の作品は、他に奈良市春日大社の安永三年（一七七四）の石灯籠、大阪府池田市呉服神社の寛政三年（一七九一）の狛犬、大阪府柏原市安福寺《あんぷくじ》の寛政一〇年の宝篋印塔を確認している。

地蔵尊が作られた目的は、台座にある「天下泰平　国土安穏」と、地蔵尊の前に置かれた石製花立に刻まれた「抜苦与楽　増上菩提」にある。後者はまさに刑死者の冥福を弔うにふさわしい文言といえよう。

なお、小塚原刑場について検討した黄木土也氏は延命地蔵尊を取り上げるなかで、文化八年（一八二五）の『誹風柳多留《はいふうやなぎだる》・八十六篇』に収められた「石地蔵　ぬい上ケをした小づか原」という川柳を紹介し、「ぬい上ケ（縫い上げ）」とは延命地蔵尊の寄せ石作りを諷したものと解説を加えた（黄木土也『小塚原刑場史』新風舎、二〇〇六年）。筆者は「ぬい上ケ（縫い上げ）」には別のもう一つの意味が込められているとみる。小塚原刑場では刑死者の遺体を複数回試し切りに供するため、非人たちによって遺体の縫合が行われていた。この川柳の作者は、「ぬい上ケ（縫い上げ）」という一つの言葉に、延命地蔵尊の寄せ石作りと、試し切りに供される刑死者の遺体の縫合という二つの意味を重ね合わせたのである。何ともグロテスクな川柳ではあるが、そうした小塚原に対する知識やイメージが川柳の受け手である江戸の人々にあったことを物語っていよう。

小塚原回向院の境内には、舟形の光背に阿弥陀三尊の種字と「為前亡後滅非人等往詣楽邦也」「為殃罰殺害諸無魂離苦得楽也」の文字を刻んだ「非人供養塔」と呼ばれる石造阿弥陀立像がある（図67）。光背に刻まれた文言は、前章で取り上げた両国回向院にある寛

図67　小塚原回向院の「非人供養塔」

文七年（一六六七）の捨市殃罰殺害前後衆霊魂等供養塔や明暦大火横死者等供養塔とも共通する。小塚原回向院の石造阿弥陀立像は、刑死者をはじめとしてこの地に葬られた無縁者や横死者全般の供養のために建てられたのであろう。

幕末に活躍した絵師菊池《きくち》容斎《ようさい》の「小塚原図」（江戸東京博物館蔵）は、安政二年（一八五五）の大地震で死亡した遊女たちの菩提を弔うために描かれたという（氏家幹人『大江戸残酷物語』洋泉社、二〇〇二年）。画面の上方の遊女の艶姿と、下方の小塚原の草むらで遺体の手首に噛りつく犬とが対比的に描かれており、見る者にこの世の儚さを強く印象付ける。小塚原は刑死者・遊女・行き倒れなど無縁の者がこの世で最後にたどり着く場であった。

たとえ人から「首切り地蔵」と呼ばれようとも、小塚原に葬られし全ての不幸な人々の霊魂を救済するため、幾多の災害を乗り越え今なお延命地蔵尊はそこに座しておられる。

山田浅右衛門と髻塚

小塚原刑場で行われた斬首と刑死者の遺体を用いた試し切りで有名なのが「首斬り浅右衛門」の異名をもつ山田浅右衛門である。山田家が将軍家の佩刀試《はいとうためし》御用役ならびに首斬り同心の代役を本格的に担うようになったのは二代吉時の代からであり、以来、明治一五年（一八八二）の刑法・治罪《ちざい》法の施行により斬首刑が廃止されるまで、歴代の浅右衛門やその弟子たちが斬首や御試しを担っていた。

最後の首切り浅右衛門である九代目吉亮を軸に、山田浅右衛門家一族を小説化した綱淵謙錠氏の『斬』は、特異な題材と視点を持った異色の歴史小説と高く評価され、昭和四七年度上半期の第六七回直木賞に輝いた。

山田家の菩提寺の一つである東京都豊島区池袋の曹洞宗瑞鳳山浄光院祥雲寺《しょううんじ》には、六代目吉昌によって営まれた「髻塚」、八代目吉豊の墓、山田家の関係者と浅右衛門研究者によって昭和一三年に建てられた山田家の歴史を記した「浅右衛門之碑」がある。

図68　祥雲寺の髻塚（左）と山田浅右衛門之碑（右）

髻塚は吉昌が手にかけた死罪人の菩提を弔うため、彼らの髻（もとどり・たぶさ）を切って納めた供養塔で別名「毛塚」とも呼ばれる（図68）。元々は祥雲寺の塔頭《たっちゅう》である浄福寺の境内にあったが、浄福寺が廃寺になったため現在地に移設・修造された。

供養塔は伊豆石製、総高約二メートルの丘状頭角柱形で、四面に次の文言が刻まれている。

正　面「南無阿弥陀仏　菩薩清涼月遊於畢境空　衆生心水浄菩提影現中」

左側面「銘曰　生死海中無頼客　漂流随浪幾沈淪　幾沈淪又靡心出　十界依正不着塵」

背　面「旹天保第三歳次壬辰三月十七日　現住霊活謹識」

右側面「功徳主　山田氏六世孫源吉昌建焉」

正面の名号の下の文言は華厳経《けごんきょう》の偈文《げもん》で、「菩薩清涼の月、畢竟《ひっきょう》空に遊ぶ、衆生心水浄《きよ》ければ、菩提の影中に現ず」と読む。清涼の月は菩薩の心地を形容したものだとされる。私たち衆生の心が清らかな水で満ちていれば、菩提の月影はおのずと心に映りこむというような意味である。綱淵氏は『斬』のなかで左側面の七言絶句について、「銘に曰く、生死海中無頼の客、流れに漂い浪に通って幾沈淪《ちんりん》せば又靡心出でん、十界の依正《えしょう》は塵を着めず、と」とでも読むのであろうかとした。十界は六つの迷いの世界（六道）と四つの悟りの世界（四聖）を指し、依正は依報と正報の略で、過去の業の報いとして受ける、環境と自分自身を意味する。七言絶句には、森羅万象は一塵をも残すことなく全て一念の心に凝縮して収まっていることを指す「一心法界」の教義が込められているのであろう。

この供養塔の銘文には、罪深き死罪人の供養を通して、彼らの命を一刀のもとに奪った自らの罪に向き合う朝右衛門吉昌の姿勢が表れている。供養塔に刻まれた華厳経の偈文や七言絶句は、死罪人と同時に吉昌自身にも向けられているのであろう。髻塚の隣に建つ「浅右衛門之碑」に記された吉昌の時世「怠らぬ　日頃見えたり　大矢数」は、京都三十三間堂で夜通し行われる通し矢の数を競う競技に、吉昌が一生をかけて執行してきたおびただしい斬首の数を重ね合わせて詠まれている。彼は、いずれも日常の鍛錬が欠かせないが、どちらも決して数を誇れるものではなく、一矢一刀に「一心法界」の境地を見出すべきと言いたかったのであろう。

髻塚に向き合う時、綱淵謙錠氏が晩年好んで色紙に揮毫したという「斬夢一閃」という彼の造語が思い起こされる。

北前船と石造物

日本海津々浦々の石造物

北前船と日本遺産

二〇一七年、「江差《えさし》の五月は江戸にもない―ニシンの繁栄が息づく町」(北海道江差町)と「荒波を越えた男たちの夢が紡いだ異空間―北前船寄港地・船主集落」(石川県加賀市ほか)が日本遺産に同時認定され、北前船《きたまえぶね》に再び注目が集まっている。

江戸から明治にかけて、北陸や大坂と奥羽・蝦夷地間を航行した北前船は、瀬戸内海や日本海沿岸の湊町に寄港しつつ、仕入れた商品の運送と売買を行ったことから、「動く商社」とも呼ばれる。日本遺産の認定に伴い、寄港地では北前船に関連する町おこしが始まった。広域的広がりを持った北前船は、客船帳や船箪笥のような関連資産の調査・研究が十分なされれば、新たな地域間交流を生む起爆剤になりうるが、そうした関連資料の基礎調査は必ずしも十分行われているわけではない。加えて寄港地の多くは大火を経験しており、残念ながら北前船に関する古文書があまり残っていないところも多い。歴史的な裏付けが伴わず単に北前船のイメージだけで町おこしを企画したとしても、長続きせず、また十分な効果も得られないであろう。

鉄道も自動車もない時代、重量のある石造物の長距離輸送は、専ら船に頼っていた。重い石造物は、船底に積むことにより船の安定性を保つバラストの役割も担っていた。石造物には年号・地名・人名などが刻まれている上、使われた石材から産出地が推定可能なことから、海運の歴史的展開や地域間交流を理解する上で重要な歴史資料となりうる。しかし従来の海運流通史研究は、文献史では米や肥料、木材などに偏り、考古学では陶磁器に集中し、石造物は蚊帳の外に置かれてきた。

筆者は、北前船の航路に沿って北海道や、青森県から山口県まで本州日本海沿岸の湊町とその周辺で、銘文に他国の地名が刻まれているものや、船の進路を示す方位を石に刻んだ方角石など、近世海運関連石造物の調査を行ってきた（関根達人「北海道・本州日本海沿岸の近世海運関連石造物調査報告」『石造物研究に基づく新たな中近世史の構築』、二〇一九年）。それらの石造物から日本海海運の歴史的展開や地域間交流が見えてきた。

石造物から見た海運史

「動く商社」と呼ばれる北前船は儲けが多い一方、「板子一枚下は地獄」のことわざの通り、常に危険と隣り合わせのハイリスク・ハイリターンの商売であった。確かに速力や凌波性に優れた弁才船《べざいせん》は、経済的かつ効率的な輸送手段であった。しかし弁才船の船体は棚板構造のため十分な強度とは言えず、甲板の水密性、舵の不安定、帆の性能などにも構造的な問題を抱えていた。ひとたび遭難・座礁すれば、積み荷や船体だけでなく乗組員の命も危険にさらされることになる。そのため、沿岸各地の寺社には海運業者などが航海の安全や商売繁盛を祈願して奉納した絵馬や石造物が多く残されている。絵馬が朽ちたり、捨てられたりして失われたものが多いのに対して、石造物は風雪に耐え、奉納されたものの多くが今日まで残されている。

これまでに筆者は、北海道ならびに本州日本海沿岸の湊町とその周辺の一六一ヶ所で計三五三基の近世海運関連石造物を確認した（図69・表8〈二五二頁～〉）。旧国別では北から順に、蝦夷地八ヶ所一二基、和人地一二ヶ所二四基、陸奥二一ヶ所一三九基、羽後一〇ヶ所一二基、羽前三ヶ所四基、越後二〇ヶ所三四基、佐渡二ヶ所二基、越中一二ヶ所一八基、能登五ヶ所七基、加賀八ヶ所一八基、越前九ヶ所一一基、若狭二ヶ所四基、丹後四ヶ所四基、但馬二ヶ所二基、因幡五ヶ所五基、伯耆一ヶ所三基、出雲三ヶ所七基、隠岐三ヶ所九基、石見二九ヶ所三六基、長門二ヶ所二基である。陸奥が突出して多いのは、後述す

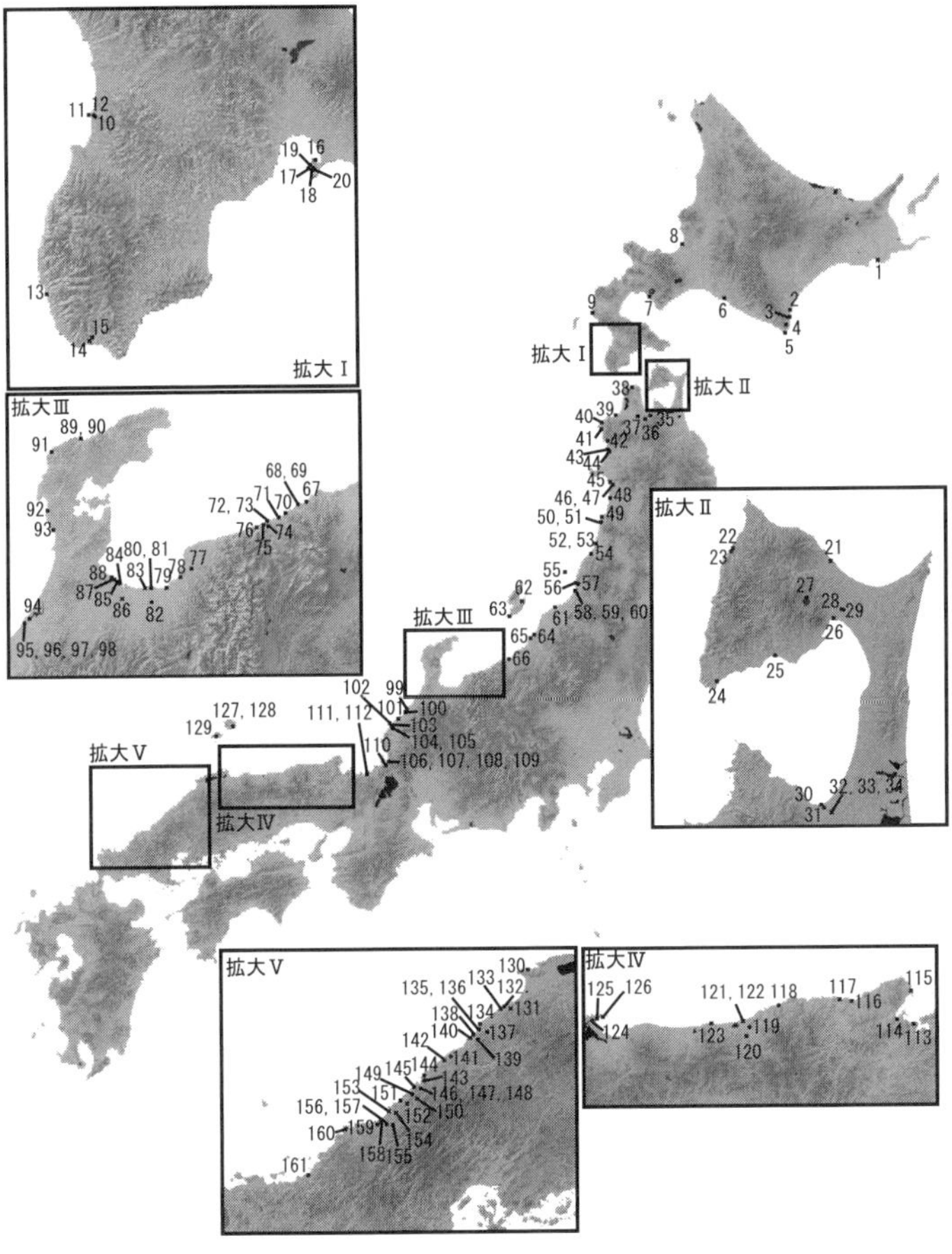

図69　北海道・本州日本海沿岸の近世海運関連石造物分布

（図中の番号は表8に対応する）

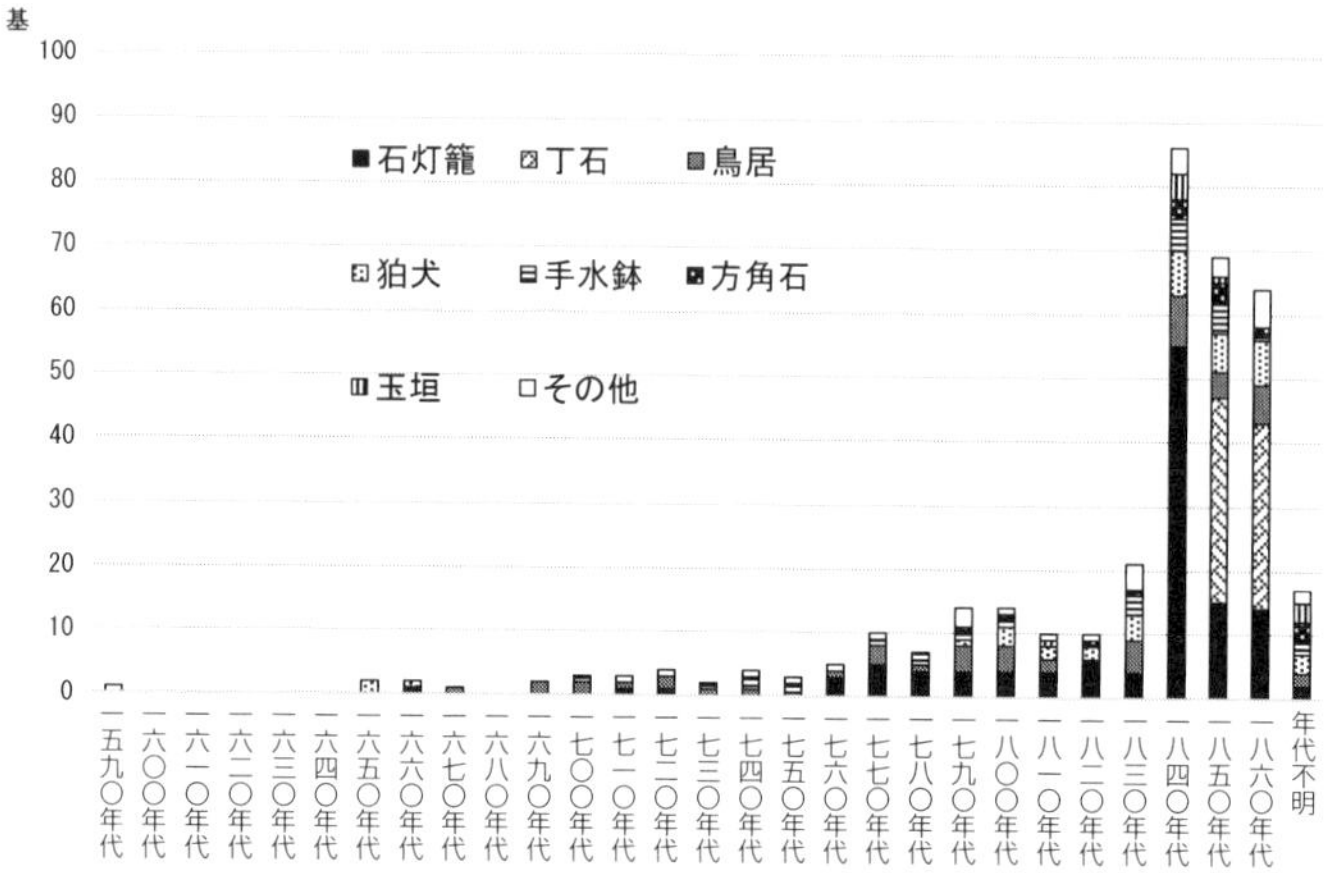

図70　北海道・本州日本海沿岸域の海運関連石造物造立数の変遷

るように、本州北端下北半島に位置する恐山菩提寺参道の石灯籠四一基と恐山参詣道の丁塚《ちょうづか》石六一基が含まれるからである。陸奥以外では越後・石見・越中・加賀に近世海運関連石造物が多い。

　種類ごとの内訳は、石灯籠（常夜塔を含む）が一二二基と最も多く、以下多い順に、丁塚石六一基、鳥居五〇基、狛犬三八基、手水鉢《ちょうず》二七基、方角石一四基、玉垣《たまがき》九基と続き、他に仏舎《ぶっしゃ》利《り》塔二基、観音像三基、地蔵菩薩像三基、五輪塔二基、題目碑・名号碑・遠忌《おんき》碑・戒壇《かいだん》石・結界石・芭蕉句碑・新渠《しんきょ》碑・三界万霊塔・廻国供養塔・陀羅尼塔《だらにとう》・六十六部廻国碑・溺死餓死諸霊魂供養塔・宝篋印塔《ほうきょういんとう》・石卒塔婆・石祠《せきし》・置香炉・狛犬形鎮子《ちんす》・阿弥陀如来像・不動明王像・五輪塔・石段・石橋が各一基ある。

海運関連石造物がいつ建てられたのかを検討することにより、日本海海運の推移が見えてくる（図70）。海運関連石造物は一六五〇年代頃からみられるが、一八世紀前半までは数が少なく、鳥居に偏っている。一七〇〇年代頃から一八三〇年代にかけて次第に数を増すとともに、方角石や玉垣などが現れ、種類が多様化する。さらに一八四〇年代には急増し、一八三〇年代の約四倍もの海運関連石造物が確認できた。数の上では石灯籠が突出して多く、全体の六割強を占める。その後、幕末に向かって海運関連石造物の数は減少する。このように海運関連石造物からは、近世日本海海運は一七世紀半ばに確立し、一八四〇年代、すなわち天保後半から弘化期に飛躍的な発展を遂げたと推測される。

図71　湊浦八幡宮の花崗岩製鳥居

日本海運史上、寛文一二年（一六七二）に河村瑞賢《かわむらずいけん》によってなされた西廻り航路の確立は、大変画期的な出来事であった。これにより蝦夷地や奥羽と大坂が海路によって直結し、物流が大きく変わった。

大坂伏見堀の石工五兵衛が延宝五年（一六七七）に手掛け、島根県浜田市の湊浦八幡宮に奉納された花崗岩製鳥居（表8－151ａ）は、河村瑞賢による西廻り航路の確立直後に、大坂石工が手掛けた瀬戸内産の花崗岩製大型石造物が西廻り航路により日本海沿岸域に流通し始めたことを物語る資料である（図71）。

隠岐の海運石造物

島根半島の北方約五〇キロメートル、日本海に浮かぶ隠岐群島は、西廻り航路上に位置することから、島々には北前船の風待ち湊が存在した。隠岐群島の一つ、西ノ島の最高峰焼火《たくひ》山は、古代以来、日本海を航行する船にとって重要なランドマークであり、船乗りたちの信仰を集めてきた。また、その名が示す通り、焼火山の篝火《かがりび》は夜間、灯台の役割を果たしていたようだ。焼火山の八合目付近に鎮座する焼火神社には、河村瑞賢による西廻り航路の確立から遡ること一〇年前の寛文二年（一六六二）、越前三《み》国湊《くにみなと》（福井県坂井市三国町）の江坂為三衛門が奉納した笏谷石《しゃくだにいし》製灯籠（表8－129ａ）がある（図72）。この石灯籠は、

図72　焼火神社の笏谷石製灯籠

左：1　薩州廻船中奉納不動明王
右：2　泉州佐野浦商人奉納手水鉢

図73　隠岐の島地蔵院の海運関連石造物

西廻り航路の確立以前に、北陸の越前と西国の隠岐が海運で結ばれていたことを示す資料として重要である。

北前船の風待ち湊の一つ、隠岐の島西郷の浄土宗地蔵院（清久寺《せいきゅうじ》）の境内には、天保二年（一八三一）に薩州廻船中の「山に九」中村氏源太郎・「山に矢」矢野氏利右衛門・「山に藤」藤右衛門の三名が奉納し、地元隠岐の宇屋《うや》町の大和屋伊兵衛と目貫《めぬき》町の下桝屋善蔵が世話人として名を連ねた、総高二五二センチメートルの花崗岩製不動明王（表8－128b）がある（図73－1）。この不動明王は、海が時化《しけ》て船乗りたちが西郷から出られぬよう遊女たちが草鞋《わらじ》を奉納し願掛けしたことから「足止め不動」の異名を持つ。今なお不動明王には草鞋の奉納が続いており、地元には「船頭恋しや、わしゃ不動さんに、無理を願うて船とめる」

図74　長崎御用昆布船中奉納鳥居残欠

との歌も伝わる。同じ地蔵院の境内には、宝永三年（一七〇六）に泉州佐野浦（大阪府泉佐野市）の西座安次郎が奉納した花崗岩製手水鉢（表8－128ｄ）もある（図73－2）。地蔵院の不動明王や手水鉢は、隠岐と薩摩、大坂との深い結びつきを物語っている。

隠岐の島中町目貫の金刀比羅《ことひら》神社にある弘化三年（一八四六）の花崗岩製の鳥居（表8－127ａ）は、長崎貿易における隠岐の重要性を示す資料として注目される（図74）。この神社は地元の有力な商家である蔵屋（高梨家）が敷地内に建立した私的なもので、鳥居は柱材だけしか残っていないが、「長崎御用昆布船中　世話人永寿丸粂吉」と刻まれている。長崎御用昆布とは、対中国（清）向けに長崎から移出された昆布で、生産地は松前（北海道）であった。隠岐は、長崎俵物である干鮑《ほしあわび》と煎海鼠《いりこ》の生産が大変盛んであったが、濫獲による沿岸資源の枯渇により鳥居が奉納された前年の弘化二年には長崎俵物の生産が急減したことが指摘されている（田中豊治「隠岐における長崎俵物の歴史地理学的研究」『歴史地理学紀要』一四、一九七二年）。鳥居は、長崎俵物の生産高が急激に減少した幕末の隠岐が蝦夷地産の長崎御用昆布の輸送中継地になっていたことを示している。

図75　酒田日和山の海運関連石造物
（左：方角石　右：常夜塔）

石造物が語る地域間交流

海運関係者によって神社に奉納された石造物には、他国の地名や人名が多く刻まれており、そこから海路による地域間の交流が見えてくる。ここでは、広域に展開した交流を物語る石造物をいくつか紹介しよう。

羽州酒田湊（山形県酒田市）を見下ろす日和山《ひよりやま》には、方角石（表8－52a）とともに、「諸廻船安全」を祈願して文化一〇年（一八一三）に奉納された総高三四五センチメートルの大きな常夜塔（表8－52b）がある（図75）。この常夜塔は、地元酒田の問屋衆をはじめ、紀州日方《ひかた》（和歌山県海南市日方）・日高《ひだか》（同日高町）、泉州貝塚（大阪府貝塚市）、大坂唐物町（大阪市中央区唐物町）、摂州神戸・兵庫（兵庫県神戸市）、播州坂《さ》越《こし》（兵庫県赤穂市坂越）、小豆嶋小部《こべ》（香川県土庄町小部）、備中玉嶋（岡山県倉敷市玉島）、備後尾道（広島県尾道市）、長州下ノ関（山口県下関市）、筑前芦屋《あしや》（福岡県芦屋町）、肥前佐賀（佐賀市）など、酒田と海路で結ばれた各地の人々の名前が刻まれている。酒田日和山の石灯籠や方角石は、酒田が西廻り航路の最重要拠点であり、広く西日本の湊町と結びつきを有していたことを物語っている。

青森湊に次ぐ弘前藩の重要な湊町であった鰺ヶ沢《あじがさわ》の白《しら》八幡宮には、慶応元年（一八六五）に奉納された「鰺ヶ沢湊図絵馬」をはじめ一二点の船絵馬（町指定文化財）が残されている。白八幡宮の社殿を取り囲む花崗岩製の玉垣（表8－39b）は、文化一三年（一八一六）に長州赤間関《あかまがせき》（山口県下関市）の石工有光重兵衛によって製作されたもので、町の文化財に指定されている（図76）。玉垣には、多数の大坂商人の名前や海運関係者とみられる塩飽《しあく》（香川県丸亀市）の人名が刻まれており、西廻り航路により鰺ヶ沢が下関・瀬戸内を経由して大坂と直結していたことを物語っている。

他に玉垣では富山県射水《いみず》市の日枝神社のもの（表8－87）や同じく高岡市伏木神社のもの（表8－88b）、京都府宮津市和貴宮《わきのみや》神社のもの（表8－114）が海運による広域交流を示すものとして注目される。日枝神社の玉垣には、摂津兵庫・大坂・平野、泉州堺、長州赤間関、能登、越後、羽後本荘（秋田県由利本荘市）、奥州松前城下・箱館と、大坂から松前・箱館に到る西廻り航路の湊町の多くの商人の名前が刻まれている（図77）。伏木神社の玉垣には、摂津兵庫、泉州堺、備前下津井（岡山県倉敷市）、長州赤間関、庄内の商人の名前が刻まれている（図78）。日本海側に残る玉垣の大半は瀬戸内産の花崗岩が使われて

図76　鯵ヶ沢町白八幡宮の玉垣

図77　射水市日枝神社の玉垣

図78　高岡市伏木神社の玉垣

図79　宮津市和貴宮神社の玉垣

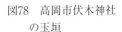

いるが、和貴宮神社の玉垣は播磨の竜山石《たつやまいし》製で、地元の商人とともに、播磨・丹波・京都・大坂・大和・備前・讃岐丸亀・近江・越前・輪島・越中富山・尾張の商人の名前が刻まれており、日本海・瀬戸内海・太平洋にまたがる海路の結びつきを示している（図79）。

下北半島の海運関連石造物

北を津軽海峡、東を太平洋、南西を陸奥湾に囲まれた本州北端の下北半島は、太平洋と日本海の海運が交わる場所であり、本州と北海道を結ぶ上でも地政学的に重要な位置を占めている。

霊場恐山

日本三大霊場の一つに数えられる下北半島の恐山は、死者の集まる山として知られ、死者の言葉を伝えるイタコの口寄せが有名である。恐山にある曹洞宗伽羅陀山菩提寺の山門から本堂へと向かう参道の両側に並ぶ石灯籠は、東廻り航路と西廻り航路の結節点であり、北海道への玄関口でもあった下北の地理的重要性をよく示す資料である。石灯籠は、弘化三年（一八四六）六月・嘉永元年（一八四八）六月・嘉永二年六月のいずれかに建てられたもので、奉納に関わった施主・願主・世話人の居住地や、石灯籠を運搬した積船の船籍を記したものが四一基ある（表8－27e）。石灯籠の施主・願主・世話人は、松前の商人が最も多いが、北は北海道日本海側の小樽・古平《ふるびら》から西は讃岐塩飽《しあく》まで広範囲に分布している（図80）。このうち日本海沿岸の羽後塩越《しおこし》（秋田県にかほ市）・能登輪島（石川県輪島市）・加賀宮腰・大野（石川県金沢市）・越前三国・新保《しんぼ》（福井県坂井市）や瀬戸内の讃岐塩飽・摂津兵庫・大坂・泉州堺は、北前船の寄港地である。太平洋側では盛岡藩領の野辺《の へ》地《じ》・五戸《ごのへ》・福岡・宮古と仙台藩領の水沢・石巻が確認できた。

石灯籠に記された運搬船は、箱館の山本氏の手船豊栄丸が一九例と最も多く、次いで讃岐丸亀の橘屋（尾上）吉五郎所有の大坂船籍松寿丸が五例、他に加賀大野の丸屋武平の寶吉丸と松前の伊達林右衛門の手船正徳丸が各二例、野辺地の野村治三郎の手船神通丸が一例である。なお、橘屋吉五郎の名前は、野辺地町の花崗岩製常夜塔（表8－30）や、同じ野辺地町の海中寺と常光寺の花崗岩製手水鉢（表8－32・33a）でも確認できる。

恐山参詣道には、菩提寺入口の一番から田名部の登山口（むつ消防署前）の一二四番まで、一町（約一〇〇メートル）間隔で凝灰岩《ぎょうかいがん》製の丁塚石が置かれている。このうち、安政六年（一八五九）に奉納されたものには松前や江差の商人の名前が、文久二年（一八六二）・同三年に奉納された二七基には、近江日吉（滋賀県大津市）の商人辰巳屋松兵衛の名前がある（表8－28）。松前商人は天屋善兵衛二五基、庄内屋由左ェ門二基、庄内屋安左

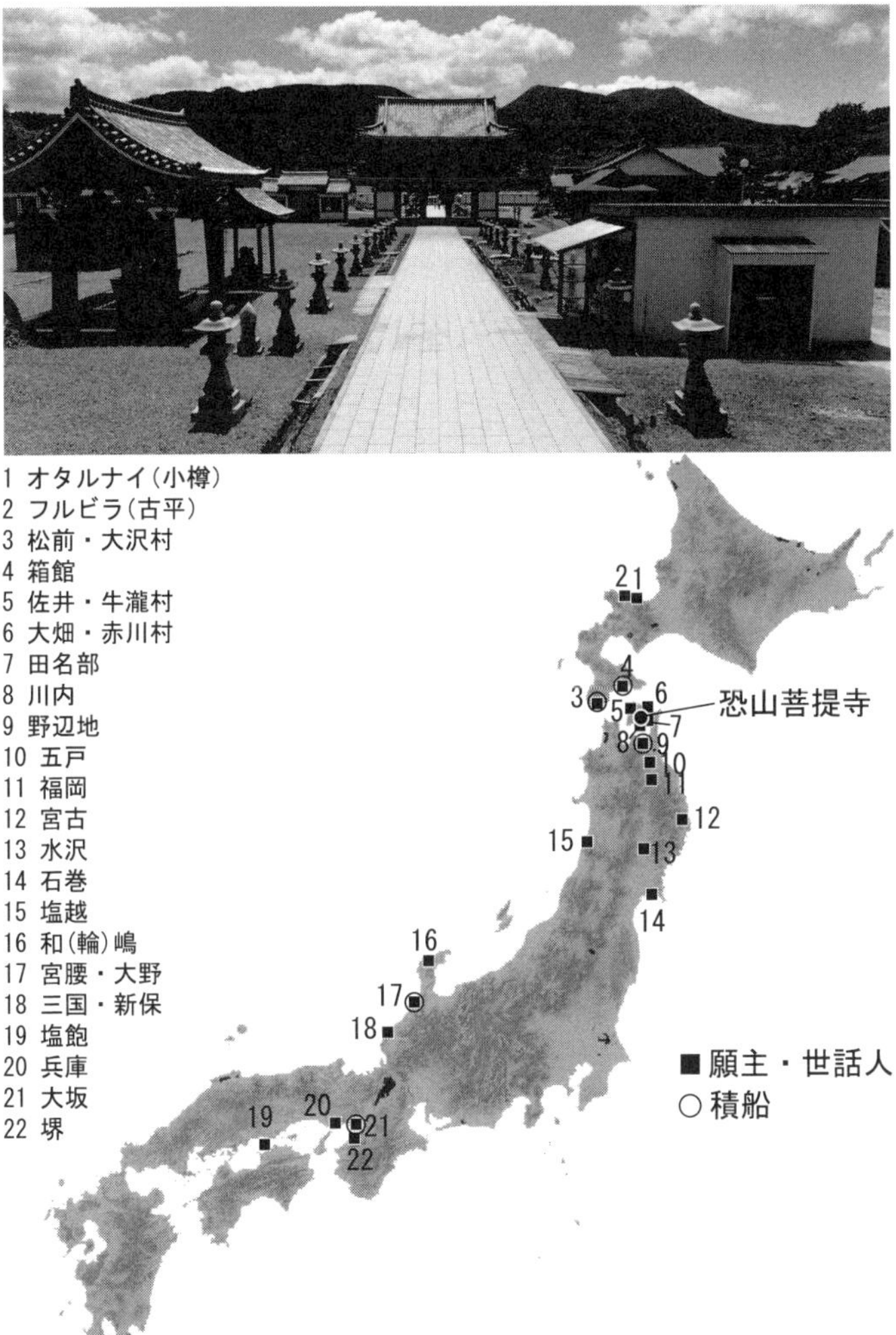

図80　恐山菩提寺参道の石灯籠とその奉納者の分布

ェ門・天屋勘太郎・油屋粂太郎各一基、江差商人は福井又兵衛一基である。恐山菩提寺の石灯籠や丁石は、下北が東と西の海運の交差点であることや、恐山が海運関係者や近江商人の信仰を集めていたことを物語っている。

下北と蝦夷地

下北と北海道との交流は、縄文時代から今日まで日常的に続いてきた。下北半島は海に山が迫り平野が少ないため、江戸時代には漁業とならんで北海道への出稼ぎ（松前稼）が盛んであった。下北の出身者は松前・箱館周辺だけでなく、蝦夷地の各所の運上屋《うんじょうや》や番屋で働く者が多く、カラフト・エトロフ・クナシリにまで足跡を残している。

北前船の寄港地としては本州最北端に位置する佐井《さい》村古佐井の曹洞宗祥岩山長福寺《ちょうふくじ》には、嘉永二年（一八四九）に建てられた総高四七二センチメートルもの立派な仏舎利塔（表8－22）がある。花崗岩製のこの塔は、厚岸から八雲《やくも》町山越内《やまこしない》に到る東蝦夷地の二三ヶ所もの場所の会所や運上屋の関係者と、西蝦夷地の苫前《とままえ》・留萌《るもい》・増毛《ましけ》の運上屋や会所の関係者などによって建てられた（図81）。長福寺の仏舎利塔は、佐井海峡ミュージアムに展示されている佐井箭根森《やのねもり》八幡宮の祭礼衣装に使われていた蝦夷錦の官服とともに、下北と蝦夷地との深い結びつきを物語っている。

1 トママイ（苫前）
2 ルルモツヘ（留萌）
3 マシケ（増毛）
4 アツケシ（厚岸）
5 センホウシ（釧路町仙鳳趾）
6 クスリ（釧路）
7 シラヌカ（白糠）
8 マクヘツ（幕別）
9 トカチ（十勝）
10 ヲコノナイ（豊頃町大津）
11 トウフ井（豊頃町十弗）
12 ホロイツミ（えりも町幌泉）
13 シャマニ（様似）
14 ウラカワ（浦河）
15 ミツイシ（三石）
16 シツナイ（新ひだか町静内）
17 アツヘツ（門別町厚別）
18 サル（沙流）
19 ユウフツ（苫小牧市勇払）
20 ホロヘツ（登別市幌別）
21 エトモ（室蘭市絵鞆）
22 ウス（伊達市有珠）
23 アフタ（虻田）
24 レフンケ（豊浦町礼文華）
25 ヲシャマンヘ（長万部）
26 ヤムクシナイ（八雲町山越内）
27 落部（八雲町落部）
28 箱館神明町（函館市船見町）
長福寺

図81　佐井村長福寺の仏舎利塔とその奉納者の分布

多様な石工

下北にある海運関係石造物には、大坂石工・備後尾道石工・越前福井石工・加賀金沢石工と、多様な石工の名前が確認できる（図82）。

大坂石工の作品は、むつ市大畑八幡宮にある御影屋新三郎の石灯籠（表8－21ａ）と狛犬（表8－21ｂ）、むつ市川内八幡宮にある小島屋半兵衛の石灯籠（表8－25ａ）である。

御影屋新三郎は大坂の西横堀炭屋町（大阪市西区北堀江・南堀江）を本拠とする。御影屋新三郎の作品は、現存するものでは大阪府貝塚市森の稲荷神社にある宝暦一〇年（一七六〇）銘の石灯籠が最も古く、住吉大社の文久二年（一八六二）年銘の石灯籠まで、百年以上にわたって二六例を確認しており、少なくとも豊高（一七六〇年代?～九〇年代）、豊昌（一八〇〇年代）、昌興（一八一〇年代―?）、明尊（一八六〇年代前後）の四名が歴代にわたり新三郎を襲名していたと考えられる。大畑八幡宮にある安政六年（一八五九）銘の石灯籠と文久元年（一八六一）銘の狛犬は、年代的にみてどちらも明尊の作品の可能性が高い。なお、大阪府寝屋川《ねやがわ》市大利《だいり》町の大利神社にある明治二一年（一八八八）年の狛犬基壇の銘から、御影屋新三郎の家系は明治以降、飯田新三郎を名乗ったとみられる。

小島屋半兵衛は大坂西横堀新渡辺橋西詰（大阪市北区中之島三丁目）を本拠とする。小島屋半兵衛の作品としては、高野山奥之院にある元禄一一年（一六九八）銘の陸奥二本松藩二代藩主丹羽長次の墓石や、大阪府茨木市目垣一丁目の仏照寺にある水盤が最も古い。

1. 大畑八幡宮の石灯籠
（大坂石工・御影屋新三郎）

2. 大畑八幡宮の狛犬
（大坂石工・御影屋新三郎）

3. 川内八幡宮の石灯籠
（大坂石工・小島屋半兵衛）

4. 箭根森八幡宮の狛犬
（尾道石工・山城屋惣八）

5. 脇野沢八幡宮の手水鉢
（金沢藩御扶持人石工・
浅野権三郎、同権右エ門）

図82　石工銘のある下北の石造物

小嶋屋半兵衛の作品は、奈良県橿原《かしはら》市小網の入鹿《いるか》神社にある安政四年（一八五七）銘の狛犬まで、大阪府と奈良県内を中心に約一六〇年間に四三例を確認しており、同じ名前を世襲していたと考えられる。

佐井村箭根森八幡宮にある安政五年（一八五八）銘の花崗岩製狛犬（表8－23）を手掛けた尾道石工の山城屋惣八の作品は、文政四年（一八二一）から明治一五年（一八八二）まで六五点が確認されており、年代も幅があることから、代々同じ名前を継承している可能性が指摘されている（尾道市教育委員会『尾道の石造物と石工』、二〇一四年）。山城屋惣八は安政から慶応にかけて多くの狛犬の製作を手掛けている。惣八の作品は地元尾道では二点しか確認されておらず、岡山・山口、新潟に多く遺されている。箭根森八幡宮の狛犬は、最も遠くまで運ばれた江戸時代の尾道石工の作品である。

恐山にかつて存在し、現在は滅失してしまった笏谷石製の大石灯籠（表8－27e24）は、越前三国（福井県坂井市三国町）の久末長右衛門が奉納したものである。この石灯籠を手掛けた越前福井の石工井上市右エ門は、富山県滑川《なめりかわ》市の櫟原《いちはら》神社にある文化二年（一八〇五）銘の笏谷石製狛犬を製作した「越前福井石坂町　井上市右エ門孝紀」と同一人物と考えられている（三井紀生「中・近世における越前狛犬の特徴と地方進出について」『若狭郷土研究』五七－一、二〇一二年）。

むつ市脇野沢《わきのさわ》八幡宮にある手水鉢（表8－24b）を手掛けた浅野権三郎・同権右エ門の両名は、金沢藩お抱えの御扶持人石工だが、詳細不明である。この手水鉢には、金沢市東部の戸室山《とむろやま》や医王山《いおうざん》周辺から産出する戸室石と呼ばれる安山岩が使われている。なぜ下北に金沢藩お抱えの石工の作品があるのだろうか。

住吉大社と金刀比羅宮の石灯籠

住吉大社の石灯籠

全国の運送船業者や漁業関係者から航海安全の信仰を集める大阪の住吉大社には、六二四基もの石灯籠が奉納されており、その数は約一八〇〇基とされる奈良市春日大社に次いで多く、京都府八幡市の石清水八幡宮の六〇〇基余に匹敵する。住吉大社の石灯籠は、春日大社や石清水八幡宮に比べ時代が下るが、巨大なものが多い上、奉納者も北は松前から南は薩摩にいたるまで全国各地に及ぶなどの特徴がみられる。

春日大社の石灯籠に関しては、一八二六基中四三三基に石工銘が確認されており、南都の石工に次いで大坂の石工のものが多いことなどが明らかにされている（大西嘉彰「南都春日大社石燈籠と石工考」『日本の石仏』一〇四、青娥書房、二〇〇二年・石燈籠平成調査会

「春日大社石燈籠平成調査の概要」『奈良学研究』六、帝塚山大学奈良学学会、二〇〇三年）。石清水八幡宮でも、江戸時代の石灯籠三六〇基中二四基に石工銘が確認されている（勝部明生編『石清水八幡宮 石燈篭の調査研究』龍谷大学文化財学実習講座、二〇一〇年）。

住吉大社への石灯籠の奉納は一六四〇年代に始まり、一七二〇年代に最初のピーク、一七八〇年代に二回目のピーク、一八六〇年代に三回目のピークと、ほぼ六〇～七〇年間隔の周期で盛期がみられる（図83）。石灯籠に石工銘が現れるのは一七一〇年代からで、一七二〇年代には最初にして最大のピークを迎える。一七一〇～二〇年代に奉納された石灯籠は泉州石工と大坂石工のものが併存するが、一七六〇～一八二〇年代には大坂石工の独占状態となる。再び堺石工の作品が見られるようになった一八三〇年代以降には新たに摂州御影石工と京石工の作品が現れる。海運業者による住吉信仰の全国展開に歩調を合わせる形で、大坂石工の作品も一七世紀終わりごろから各地に移出されるようになる。

夜の海を航行する船乗りにとって陸地に灯る明かりは、天空の星とならんで進むべき方向を示す重要な目印であり、明かりに対する信仰は絶大であった。石灯籠は航海の安全を願う海運関係者にとって、まことにふさわしい奉納品といえよう。住吉大社の石灯籠からは、一七二〇年代に海運業者により住吉信仰が急速に全国展開したことが窺える。

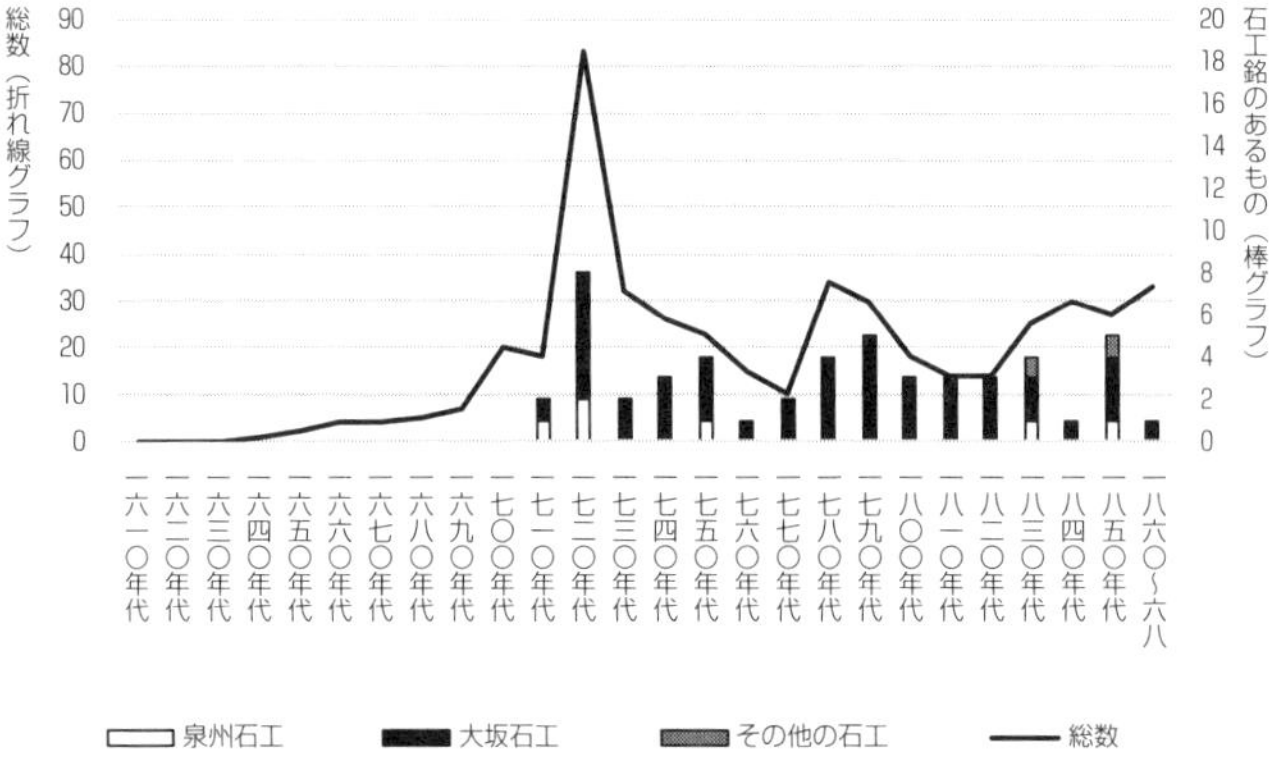

図83　住吉大社の石灯籠の年代別造立数

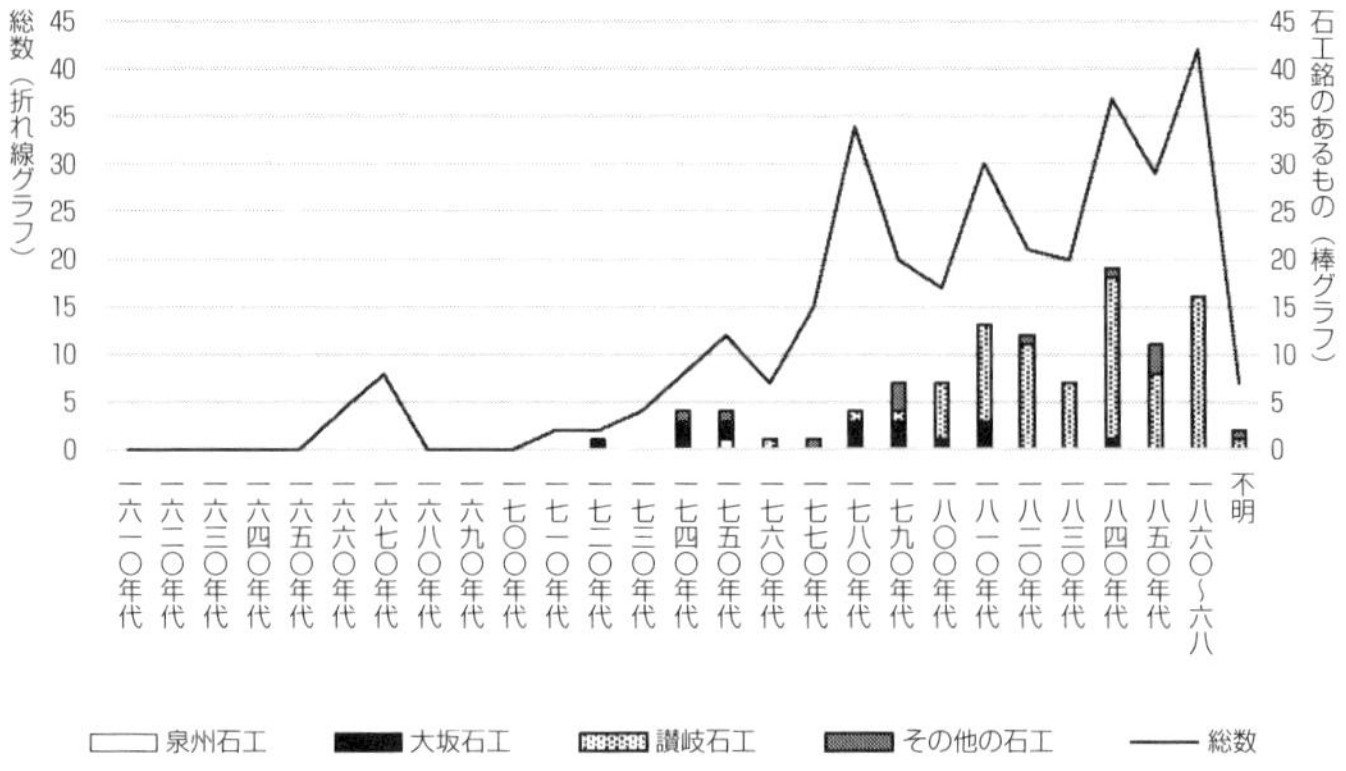

図84　金刀比羅宮境内の石灯籠の年代別造立数

金刀比羅宮の石灯籠

住吉大社と同じく全国から航海安全の信仰を集める香川県琴平《ことひら》町の金刀比羅宮では、金毘羅庶民信仰資料一七二五点が重要有形民俗文化財に指定され、それらの詳細な調査報告書が刊行されている。指定物件の約四割に当たる六六八点は灯籠で、内訳は石製六一三基・青銅製三九基・陶製四基・釣灯籠一二基である（日本観光文化研究所編『金毘羅庶民信仰資料集』三、金刀比羅宮社務所、一九八四年）。金刀比羅宮の灯籠のうち五四基は、讃岐高松藩主松平家をはじめとする西国大名によって奉納されている。海運業者同様、参勤交代で瀬戸内海を航行する西国大名もまた、金刀比羅宮に道中安全を祈願したのである。

旧金刀比羅宮境内にある指定物件の石灯籠三九五基のうち、江戸時代に奉納された三一九基について、一〇年単位で、年代別造立数の変遷を検討した（図84）。最も古いのは、寛文八年（一六六八）に高松藩初代藩主松平頼重《まつだいらよりしげ》が奉納した二基一対の六角形石灯籠で、一六六〇・七〇年代のものは、全て松平頼重の奉納品である。それらに続いて、正徳二年（一七一二）には讃岐多度津《たどつ》藩初代藩主の京極高澄《きょうごくたかずみ》（高通）が石灯籠を奉納しており、大名以外の商工業者による奉納は、享保一四年（一七二九）の高松講中によるものを最古とする。讃岐以外では寛保二年（一七四二）の伊予今治《いまばり》の人による奉納が最も古く、四国以外では延享二年（一七四五）の大坂商人によるものが最初である。石灯籠の奉納は一七七〇年代に急増し、一七八〇年代にピークを迎えたのち、その後は増減を繰り返しつつも、全体的には幕末に向かってやや増える傾向にある。住吉大社への石灯籠の奉納が、早くも一七二〇年代にピークを迎えたのち振るわなかったのとは対照的である。

三一九基の石灯籠のうち約半数の一六二基は石工銘がある。石工の場所ごとでは、讃岐琴平六基、讃岐丸亀四八基、大坂三一基と三者が突出して多く、他に安芸広島・阿波・伊予松前《まさき》・備後尾道・備後福山・京・薩摩・讃岐高松・長州赤間関・播磨明石・泉州堺が各二基、伊予今治と越前敦賀が各一基、どこの石工かわからないもの三基である。

石工の判明するものでは、享保一四年（一七二九）に大坂伏見一丁目の和泉屋仁右衛門が製作した石灯籠が最も古く、一七四〇年代までは大坂石工の作品しか見られない。その後も一八世紀は大坂石工を主体とし、讃岐の石工の作品数が大坂石工を上回るようになるのは一八〇〇年代以降である。讃岐石工の石灯籠は、明和元年（一七六四）の琴平の大坂屋文七と、天明八年（一七八八）の琴平の磯次郎の作品以外は、全て一九世紀のものである。琴平の石工は、他に那葉屋久太郎（一八四一～六八年の間に三九基）・天王寺屋弥助（一八二三～二七年の間に五基）、勝間屋（太田）幾造（一八六〇～六八年の間に四基）などがいる。丸亀の石工は、阿波屋甚七（一八〇七～五八年の間に三四基）、中村屋半左衛門（一八〇七〜三九年の間に六基）や木下広右衛門（一八三八〜五七年の間に四基）などがいる。

以上のように、一六六〇年代に始まる金刀比羅宮境内への石灯籠の奉納は、高松藩主のみが行ったⅠ期（一七世紀後半）、海運・商工業者が加わり大坂石工の作品中心のⅡ期（一八世紀）、讃岐の丸亀と琴平の石工の作品が主体となるⅢ期（一八〇〇〜四〇年代）、琴平の石工の作品が大多数を占めるⅣ期（一八五〇・六〇年代）に大別されよう。石灯籠の奉納数と石工の在地化から、一七九〇年代が金毘羅信仰の最大の画期であったと考えられる。

表８　北海道・本州日本海沿岸の近世海運関連石造物

番号	寺社等名称	所在地	種類	奉納年
1a	臨済宗南禅寺派景雲山国泰寺	北海道厚岸町湾月町1-15	地蔵菩薩	天保6年(1835)5月
1b			置香炉	同上
1c			石灯籠	同上
1d			仏牙舎利塔	天保13年(1842)
2	十勝神社	北海道広尾町茂寄1-13	石灯籠	慶応2年(1866)
3	猿留山道沼見峠	北海道えりも町目黒猿留山道沼見峠	石祠	安政6年(1859)9月吉祥日
4	目黒稲荷神社	同　目黒132	石灯籠	元治元年(1864)
5	えりも神社	同　岬170-10	手水鉢	嘉永3年(1850)9月吉日
6	門別稲荷神社	北海道日高町門別本町235	鳥居	慶応4年(1868)正月吉日
7	浄土宗大臼山道場院善光寺	北海道伊達市有珠町124	一光三尊阿弥陀如来像	享保11年(1726)
8a	石狩弁天社	北海道石狩市弁天町北18	笏谷石製狛犬	(紀年銘なし)墨書あり
8b			手水鉢	弘化2年(1845)8月吉日
9	太田神社	北海道せたな町大成区太田	常夜塔台石	安政4年(1857)
10a	日蓮宗成翁山法華寺	北海道江差町本町71	題目碑	嘉永2年(1849)7月吉日
10b			日蓮上人五百五十遠忌碑	文政14年(1831)
11a	厳島神社	同　鷗島	鳥居	天保9年(1838)3月吉日
11b			鳥居	天保14年(1843)
11c			方角付手水鉢	安政6年(1859)6月吉日
12	姥神大神宮	同　姥神町99-1	狛犬	文久4年(1864)3月吉日
13	八幡神社	北海道松前町清部517	石灯籠	嘉永2年(1849)3月吉日
14	松前神社	同　松城145	鳥居	天保2年(1831)
15a	徳山大神宮	同　神明66	石灯籠	正徳2年(1712)天仲春吉日
15b			石灯籠	安永5年(1776)5月吉日
15c			石灯籠	右:安永9年(1780)正月 左:天明2年(1782)正月吉日
15d			鳥居	天保3年(1832)正月吉日
15e			手水鉢	天保7年(1836)正月吉日
16a	厳島神社	北海道函館市弁天町9-9	鳥居	天保8年(1837)3月
16b			手水鉢	天保8年(1837)5月吉日
16c			方角石	嘉永7年(1854)
16d			狛犬	慶応4年(1868)5月吉日
17a	曹洞宗国華山高龍寺	同　船見町12-11	三界万霊供養塔	寛政3年(1791)
17b			溺死餓死諸霊魂供養塔	慶応3年(1867)3月

番号	寺社等名称	所　在　地	種　類	奉　納　年
18	日蓮宗一乗山実行寺	北海道函館市船見町18-18	方角石	天保14年(1843)6月
19a	浄土宗護年山称名寺	同　　船見町18-14	芭蕉句碑	安永2年(1773)3月3日
19b			方角石	(紀年銘なし)
20	浄土真宗本願寺派函館別院	同　　東川町12-12	函港新渠碑	万延元年(1860)12月
21a	大畑八幡宮	青森県むつ市大畑町新町129	石灯籠	安政6年(1859)8月15日
21b			狛犬	文久元年(1861)8月15日
22	曹洞宗祥岩山長福寺	青森県佐井村古佐井112	仏舎利塔	嘉永2年(1849)7月
23	箭根森八幡宮	同　　八幡堂37	狛犬	安政5年(1858)8月15日
24a	脇野沢八幡宮	青森県むつ市脇野沢桂沢18-1	石灯籠	文化3年(1806)正月吉日
24b			手水鉢	天保9年(1838)7月17日
24c			鳥居	安政5年(1858)5月吉日
25a	川内八幡宮	同　　川内町川内324	石灯籠六角台座	安政4年(1857)8月吉辰日
25b			手水鉢	文久2年(1862)8月吉日
26a	恐山大湊参道三十三観音3	同　　大平町24	持経観音	文久元年(1861)6月17日
26b	恐山大湊参道三十三観音22	同　　田名部宇曽利	葉衣観音	同　上
26c	恐山大湊参道三十三観音33		灑水観音	同　上
27a	曹洞宗伽羅陀山菩提寺	青森県むつ市田名部字宇曽利3-2	狛犬	文久2年(1862)6月
27b			廻国供養塔	寛政2年(1790)6月24日
27c			五輪塔	寛政8年(1796)4月6日
27d			石卒塔婆	文政11年(1828)
27e 1～41			石灯籠	弘化3年(1846)6月(21基) 嘉永元年(1848)5月(1基) 嘉永元年(1848)6月(3基) 嘉永2年(1849)6月(12基) 年号なし(4基)
28 a～f	恐山道丁塚(1丁ほか31基)	青森県むつ市	丁塚石	安政6年(1859)6月
28g･h	恐山道丁塚(81丁ほか29基)	同　上	丁塚石	文久3年(1863)6月
29	田名部神社	青森県むつ市田名部町1-1	鳥居	寛政12年(1800)7月吉祥日
30	浜町の常夜塔	青森県野辺地町野辺地471地先	石灯籠	文政10年(1827)正月吉良日
31	野辺地八幡神社	同　　笹館12	石灯籠	嘉永5年(1852)
32	浄土宗海中寺	同　　寺ノ沢38-1	手水鉢	弘化2年(1845)6月
33a	曹洞宗常光寺	同　　寺ノ沢86	手水鉢	弘化2年(1845)6月
33b			石灯籠	天保4年(1833)4月3日 嘉永3年(1850)6月27日

番号	寺社等名称	所在地	種類	奉納年
34	浄土真宗大谷派本龍山西光寺	青森県野辺地町寺ノ沢90	手水鉢	(紀年銘なし)
35	香取神社	青森県青森市大矢沢字里見1233-2(香取神社の旧所在地は青森市柳町)	狛犬	嘉永2年(1849)4月吉日
36	小金山神社	同　入内駒田116-4	狛犬	寛文5年(1665)正月吉日
37	柳久保神社	同　浪岡大釈迦山田189	石灯籠	安政5年(1858)8月
38a	今別八幡宮	青森県今別町大字今別字今別19	狛犬	明暦4年(1658)6月15日
38b			狛犬	万治2年(1659)3月12日
39a	白八幡宮	青森県鰺ヶ沢町本町69	石灯籠	寛政6年(1794)3月15日
39b			玉垣	文化13年(1816)3月吉日
40a	真言宗醍醐派春光山円覚寺	青森県深浦町深浦浜町275	狛犬形鎮子	慶長3年(1598)8月吉日
40b			手水鉢	寛延2年(1749)5月
40c			鳥居	寛政8年(1796)正月吉日
40d			鳥居	寛政10年(1798)正月吉祥日
40e			石灯籠	文化5年(1808)3月10日
40f			石段	安政6年(1859)正月
40g			石橋	万延2年(1861)3月吉日
41	武甕槌神社	同　岩崎字浜野	鳥居	寛政10年(1798)正月吉祥日
42	白瀑神社	秋田県八峰町八森	鳥居	天保14年(1843)3月吉日
43	日和山	秋田県能代市五輪船見台(能代公園内)	方角石	文化年間(1804-1817)
44a	八幡神社	同　柳町13-6	石灯籠	寛政8年(1796)正月吉日
44b			手水鉢	寛延2年(1749)11月吉日
45	浄土真宗大谷派休宝寺	秋田県秋田市土崎港中央3丁目	石灯籠	安永8年(1779)9月吉日
46	勝平神社	同　保戸野鉄砲町4-28	狛犬	文化6年(1809)5月
47	日吉八幡神社	同　八幡本町1-4-1	石灯籠	延享5年(1748)2月吉日
48	亀井稲荷神社	秋田県由利本荘市岩松ヶ崎	鳥居	天明3年(1783)
49	日枝神社	秋田県にかほ市金浦町港島	鳥居	安政7年(1860)3月吉日
50a	熊野神社	同　象潟町1丁目塩越5	鳥居	宝暦11年(1761)9月吉祥日
50b			手水鉢	享保16年(1731)3月吉日
51	海津見神社	同　象潟町2丁目塩越187	手水鉢	宝暦9年(1759)11月
52a	日和山公園	山形県酒田市南新町1丁目	方角石	寛政6年(1794)以前
52b			石灯籠	文化10年(1813)正月吉辰日
53	皇大神宮	同　上	鳥居	天保2年(1831)3月大吉日
54	善宝寺	山形県鶴岡市下川甚関根100	石灯籠	慶応3年(1867)5月吉日
55	八所神社	新潟県粟島浦村内浦	鳥居	文政2年(1819)正月吉日
56	瀬波日和山	新潟県村上市瀬波浜町	方角石	(紀年銘なし)
57	藤基神社	同　三之町11-12	狛犬	(紀年銘なし)
58	塩竈神社	同　塩谷1198	狛犬	慶応2年(1866)9月
59	荒川神社	新潟県胎内市桃崎浜187	石灯籠	嘉永2年(1849)正月吉日

番号	寺社等名称	所在地	種類	奉納年
60	三奈度神社	新潟県胎内市桃崎浜188 (荒川神社境内)	狛犬	文政8年(1825)9月吉祥日
61a	白山神社	新潟県新潟市中央区一番通町1-1	鳥居	安政3年(1856)6月
61b	白山神社	新潟県新潟市中央区一番通町1-1	石灯籠	享保8年(1723)6月18日
62	白山神社	新潟県佐渡市宿根木464-1	鳥居	安永2年(1773)9月15日
63	琴平神社	同　小木	石灯籠	慶応3年(1867)3月吉日
64	岩船神社	新潟県出雲崎町尼瀬1593	鳥居	文政2年(1819)
65	香取神社	新潟県柏崎市椎谷八方口1472	鳥居	享和2年(1802)2月24日
66a	住吉神社	新潟県上越市住吉町5-15	石灯籠	安政2年(1855)6月
66b	住吉神社	新潟県上越市住吉町5-15	手水鉢	寛政3年(1791)6月
67a	白山神社	新潟県糸魚川市能生7239	手水鉢	安政4年(1857)3月
67b	白山神社	新潟県糸魚川市能生7239	石灯籠	慶応3年(1867)
68a	五社神社	同　鬼舞224	狛犬	嘉永2年(1849)8月吉日
68b	五社神社	同　鬼舞224	鳥居	同上
68c	五社神社	同　鬼舞224	常夜塔	万延2年(1861)2月吉日
68d	五社神社	同　鬼舞224	石灯籠	安政2年(1855)6月吉日
68e	五社神社	同　鬼舞224	鳥居	文化4年(1807)6月吉日
69a	正八幡神社	同　鬼伏1631-2	狛犬	嘉永2年(1849)5月吉日
69b	正八幡神社	同　鬼伏1631-2	石灯籠	嘉永2年(1849)6月吉日
70	諏訪神社	同　中浜1256	狛犬	(紀年銘なし)
71	奴奈川神社	同　田伏609-1	狛犬	安政2年(1855)春
72a	天津神社	同　一の宮1-334	狛犬	慶応4年(1868)3月吉日
72b	天津神社	同　一の宮1-334	石灯籠	天保11年(1840)春
73a	諏訪神社	同　須沢乙1844	狛犬	天保3年(1832)8月吉日
73b	諏訪神社	同　須沢乙1844	鳥居	天保15年(1844)6月吉祥日
74a	水前神社	同　上刈658	石灯籠	右:天保11年(1840)春 左:天保12年(1841)春
74b	水前神社	同　上刈658	鳥居	安政3年(1856)再建
75	諏訪神社	新潟県糸魚川市本町10-20	石灯籠	天保10年(1839)春
76a	青海神社	同　青海762	石灯籠	嘉永3年(1850)5月吉日
76b	青海神社	同　青海762	鳥居	慶応元年(1865)5月吉祥日
76c	青海神社	同　青海762	石灯籠	嘉永7年(1854)7月
76d	青海神社	同　青海762	石灯籠	天保12年(1841)夏5月
77	高野山真言宗 千光密寺心蓮坊	富山県魚津市小川寺2934	宝篋印塔	延享5年(1748)3月
78	万灯台	同　本町1丁目	常夜塔	慶応4年(1868)夏
79	水橋神社	富山県富山市水橋24	手水鉢	嘉永5年(1852)正月吉日
80	諏訪神社	同　四方西岩瀬131	石灯籠	享和元年(1801)7月
81	琴平社	同　東岩瀬町713	常夜塔	元治元年(1864)6月吉日
82	稲荷神社	同　稲荷町2-5-5	石灯籠	明和4年(1767)11月吉祥日
83	諏訪神社	同　岩瀬白山町103	狛犬	嘉永7年(1854)8月吉日

番号	寺社等名称	所在地	種類	奉納年
84a	放生津八幡宮	富山県射水市八幡町2-2-27	石灯籠	嘉永元年(1848)8月吉日
84b			玉垣	嘉永2年(1849)8月1□日
84c			石灯籠	嘉永3年(1850)
84d			石灯籠	文久3年(1863)
84e			石灯籠	元治2年(1865)
84f			石灯籠	慶応3年(1867)
85	神明社	同　本町3-14	狛犬	嘉永元年(1848)8月吉日
86	十社大社	同　三ヶ高寺町870	狛犬	安政5年(1858)9月
87	日枝神社	同　庄西町1-14-3	玉垣	嘉永4年(1851)4月
88a	伏木神社	富山県高岡市伏木一宮17-2	石灯籠	文政2年(1819)9月吉日
88b			玉垣	(紀年銘なし)
89	住吉神社	石川県輪島市鳳至町鳳至丁3	鳥居	享保2年(1717)弥生吉日
90	日和山(輪島前神社)	同　輪島崎町1部64番地甲	方角石	享和4年(1804)
91a	五十洲神社	同　五十洲3-26	石灯籠	嘉永3年(1850)正月吉日
91b			石灯籠	天保15年(1844)3月吉日
92	金刀比羅神社	石川県志賀町福浦港マ40	方角石	弘化4年(1842)3月吉日
93a	日吉神社	同　安部屋イ	鳥居	慶応4年(1868)5月吉日
93b			狛犬	天保3年(1830)正月吉日
94a	粟崎八幡宮	石川県金沢市粟崎町ヘ49	鳥居	安政5年(1858)8月
94b			石灯籠	天保13年(1842)
94c			狛犬	安政4年(1857)8月
94d			玉垣	(紀年銘なし)
95a	日吉神社	同　大野町5-81	石灯籠	天保15年(1844)6月
95b			鳥居	天保14年(1843)6月吉日
95c			鳥居	同　上
95d			狛犬	文政5年(1822)12月吉日
95e			石灯籠	安政7年(1860)3月
95f			石灯籠	同　上
96	秋葉神社	同　金石西2丁目18-23	石灯籠	天保15年(1844)孟春日
97	金刀比羅神社	同　金石西2丁目16	石灯籠	天保14年(1843)5月
98	大野湊八幡神社	同　寺中町ハ163	石灯籠	文政5年(1822)6月吉日
99	藤塚神社	石川県白山市美川南町ヌ168	石灯籠	文政3年(1820)3月吉日
100a	今湊神社	同　湊町カ151	石灯籠	嘉永4年(1851)8月吉辰
100b			石灯籠	文政6年(1823)春
100c			石灯籠	文政6年(1823)春
101	八幡神社	石川県加賀市塩屋町イ1	手水鉢	天保11年(1840)9月吉日
102	雄島大湊神社	福井県坂井市三国町安島	方角石	弘化5年(1845)正月
103	春日神社	同　三国宿2-4	石灯籠	天保3年(1832)3月
104	三国神社	同　三国町山王6-2-90	方角石	元治元年(1864)12月1日
105a	木立神社	同　三国町山王6-2-80	石灯籠	安永6年(1777)2月吉日
105b			手水鉢	安永6年(1777)8月

番号	寺社等名称	所　在　地	種　類	奉　納　年
106	正八幡神社	福井県敦賀市三島町1-3-3	石灯籠	文化9年(1812)5月吉日
107	時宗岡見山来迎寺	同　　松島町2-5-32	六十六部廻国碑	文化14年(1817)12月22日
108	野　　墓	同　　松島町2	六字名号碑	天保11年(1840)5月
109	史跡武田耕雲斉等墓所	同　　松島町2	石灯籠	慶応4年(1868)7月
110a	天満神社	同　　木崎35-4	石灯籠	文政4年(1821)5月吉祥日
110b			石灯籠	安政5年(1858)3月吉日
111a	八幡神社	福井県小浜市小浜男山10	石灯籠	宝暦13年(1763)11月吉日
111b			石灯籠	安永6年(1777)9月吉日
111c			石灯籠	文化10年(1813)5月吉日
112	熊野神社	同　　湯岡16-33	狛犬	文政13年(1830)4月吉日
113	湊十二社	京都府舞鶴市西神崎403-2	玉垣	(紀年銘なし)
114	和貴宮神社	京都府宮津市宮本431	玉垣	天保15年(1844)4月吉日
115	新井崎神社	京都府伊根町新井	石灯籠	天保11年(1840)5月
116	蛭児神社	京都府京丹後市久美浜湊宮1742	石灯籠	安永2年(1773)9月吉日
117	西刀神社	兵庫県豊岡市瀬戸字岡746	方角石	文政8年(1825)秋
118	為世永神社	兵庫県新温泉町諸寄字中3239	狛犬	天保10年(1839)3月
119	長田神社	鳥取県鳥取市東町1-103	鳥居	元禄4年(1691)5月吉日
120	倉田八幡宮	同　　馬場299	鳥居	元禄4年(1691)5月
121	賀露神社	同　　賀露町北1-21-8	石灯籠	寛政12年(1800)正月吉日
122	上小路神社	同　　賀露町南5-1765	鳥居	享和2年(1802)
123	湊神社	同　　青谷3705	狛犬	寛政12年(1800)正月吉日
124a	大港神社	鳥取県境港市栄町161	鳥居	寛保3年(1743)
124b			石灯籠	寛政7年(1795)8月吉日
124c			手水鉢	文化3年(1806)
125	三保神社	島根県松江市美保関町福浦811	鳥居	享保8年(1723)9月9日
126a	美保神社	同　　美保関町美保関608	石灯籠	天明2年(1782)正月吉日
126b			手水鉢	同　上
126c			石灯籠	安政4年(1857)8月吉日
126d			鳥居	(紀年銘なし)
127a	中町目貫金刀比羅神社	島根県隠岐の島町中町目貫の一	鳥居	弘化3年(1846)
127b			玉垣	弘化5年(1848)正月吉日
128a	浄土宗地蔵院(清久寺)	同　　東町ミナイダ1	鳥居	寛政6年(1794)3月吉日
128b			不動明王	天保2年(1831)正月吉日
128c			石灯籠	寛政5年(1793)何月吉祥日
128d			手水鉢	宝永3年(1706)正月吉日
129a	焼火神社	島根県西ノ島町美田1294	石灯籠	寛文2年(1662)5月3日
129b			石灯籠	宝暦11年(1761)
129c			石灯籠	□□□申正月吉日
130a	曹洞宗天龍山文殊院	島根県出雲市大社町鷺浦38	六地蔵	(紀年銘なし)
130b			地蔵	(紀年銘なし)

番号	寺社等名称	所在地	種類	奉納年
131	王子神社	島根県大田市富山町神原188	鳥居	寛延元年(1748)3月吉日
132	莇田神社	同　久手町波根西1942-2	狛犬	嘉永2年(1849)3月吉日
133a	佐比売山神社	同　鳥井町鳥居369	鳥居	宝永2年(1705)3月吉日
133b			鳥居	天保14年(1843)10月吉辰
134	宅野八幡宮	同　仁摩町宅野126	玉垣	嘉永元年(1848)8月
135	石見八幡宮	同　仁摩町大国	石灯籠	弘化4年(1847)3月
136	白石八幡宮	同　仁摩町天河内	鳥居	元禄14年(1701)8月15日
137	城上神社	同　大森町イ477	狛犬	文久2年(1862)3月吉日
138	温泉郷八幡宮	同　温泉津町湯里	鳥居	文久2年(1862)9月吉日
139	水上神社	同　温泉津町西田	鳥居	享保9年(1724)8月吉日
140	龍御前神社	同　温泉津町温泉津	鳥居	享保16年(1731)3月
141a	山辺神社	島根県江津市江津町112	石灯籠	天明8年(1788)仲百八吉日
141b			手水鉢	天保13年(1842)9月吉日
141c			石灯籠	天保14年(1843)10月吉日
142a	大年神社	同　都野津町2222	鳥居	安永8年(1779)9月16日
142b			手水鉢	(紀年銘なし)
143	久光山八幡宮	島根県浜田市蛭子町22-2	狛犬	文化5年(1808)11月吉日
144	外ノ浦日和山	同　外ノ浦町	方角石	天保5年(1834)6月
145	曹洞宗荘田山聖徳寺	同　周布町ロ10	結界石	宝暦9年(1759)4月吉祥日
146	王子八幡宮	同　内村町370-2	手水鉢	天明7年(1787)2月吉祥日
147	高井ヶ岡八幡宮	同　内村町751	鳥居	安永6年(1777)8月吉日
148	臨済宗東福寺派長福寺	同　内村町805	五輪塔	宝暦10年(1760)仲冬(11月)12日
149	大麻山神社	同　三隅町室谷1097	陀羅尼塔	享和3年(1803)2月大吉祥日
150	井野八幡宮	同　三隅町井野ハ681	石灯籠	天明6年(1786)8月吉日
151a	湊浦八幡宮	同　三隅町湊浦70	鳥居	延宝5年(1677)
151b			狛犬	天保14年(1843)6月吉日
152	曹洞宗海倉山龍雲寺	同　三隅町芦谷909	宝篋印塔	安政3年(1855)
153	木部八幡宮	島根県益田市木部イ217	鳥居	慶応3年(1867)9月15日
154	下種八幡宮	同　下種町1856-1	鳥居	(紀年銘なし)
155	久々茂八幡宮	同　久々茂町333	狛犬	元治元年(1864)8月10日
156	住吉神社	同　七尾町4-59	狛犬	文化14年(1817)正月吉日
157	曹洞宗万歳山妙義寺	同　七尾町1-40	戒壇石	享保4年(1719)
158	大元神社	同　中吉田町587	狛犬	安政6年(1858)9月吉日
159a	柿本神社	同　高津町上市イ2616-1	狛犬	寛政2年(1790)
159b			狛犬	文政6年(1823)9月吉日
159c			手水鉢	安政4年(1857)3月吉日
160	黄帝社	山口県萩市須佐高山	方角石	安政5年(1858)8月
161	住吉神社	同　浜崎町240	手水鉢	宝暦4年(1754)3月28日

石のモニュメントが繋ぐ過去と現在——エピローグ

行為と思考の「化石」

化石が自然自ら太古の動植物を石に閉じ込めた「石造物」だとすれば、石造物は人が自らの行為と思考を石に閉じ込めた「化石」である。化石から動植物そのものやそれらを取り巻く環境が復元できるように、石造物からは過去の人間の営みと彼らを取り巻く自然や社会環境を読み解くことが可能である。石という丈夫な材質に守られて、化石や石造物に閉じ込められた情報は、何百年、何万年と後世に伝えられる。

これまで江戸時代の歴史研究は、豊富に存在する古文書に頼りすぎるあまり、身近にある石造物が見過ごされてきた。確かに文字数だけを比べた場合、石碑の情報量は古文書に遠く及ばない。しかし、ひとたび視点を変えれば、石碑には古文書に乏しい情報がある。

たとえば作成に関わった人の数でいえば、石造物の方が古文書に比べ断然多く、その分だけ情報量に富む。すなわち古文書は、祐筆《ゆうひつ》が代筆することもあるが、大抵は文書の作り手と文字の書き手は同一人物である。それに対して大部分の石碑は、文章の作り手、文字の書き手、文字の彫り手（石工）が分かれており、他にも石碑の製作・運搬・造立費用を負担した施主や世話人など多くの人が関わっている。また、古文書は書かれた年代や作成者がわからないものも少なくないが、石碑には年号や石碑の造立に関わった人物の名前や居住地が明記されていることが多い。しかし、これまでの石造物研究では、こうした石造物の長所は十分認識されてこなかったように思う。理解されていたなら、石造物研究は石仏研究という狭くマニアックな世界からとっくに抜け出し、もっとメジャーな研究分野に成長していたはずである。

人は古代から硬い石に自らの行為や考えを刻み、それを人目に触れる屋外に置くことで、より長期間、不特定多数の人々に伝えようとしてきたのである。石造物は、製作・造立に関わった人々がこの世から姿を消した後も、幾世代にもわたって受け継がれ、後世の人々にメッセージを発し続けている。識字率が急速に高まり、石工が全国に広まった江戸時代には、各地に多種多様な石造物が建てられた。室町時代以前の石造物のほとんどが、来世（あの世）への関心のもとに建てられているに対して、江戸時代には、健康・安全・商売繁盛など現世（この世）に関わる石造物が急増した。江戸時代に建てられた石造物からは、人々が自らの未来（来世）とともに、現世や子孫の将来（後世）に大きな関心を寄せるようになったことが窺える。

本書は、江戸時代の人々が個々の石造物に込めた供養や遺戒の念、現世の願望を読み解くとともに、石造物の分布や数量的分析を通して、それを生み出した社会の実態解明を試みた。江戸時代の石造物に刻まれた文章は、僧侶をはじめとする知識人が作文している上、刻む文字数を少なくするために漢文が多いが、なかには仮名交じりのものもある。句碑や歌碑以外で使われた仮名交じり文は、碑の内容をより多くの人に理解してもらうための配慮であろう。

ダークツーリズム

二〇一一年の東日本大震災に伴う津波や福島第一原子力発電所の事故を受けて、日本でも戦跡、被災地、事件・事故現場、大量虐殺のあった場所など、悲劇の地を訪れる「ダークツーリズム」が注目されるようになった（井出明『ダークツーリズム』幻冬舎新書、二〇一八年）。世界遺産にも、ナチスによるユダヤ人大虐殺の舞台となったポーランドのアウシュヴィッツ強制収容所をはじめ、広島の原爆ドームや、人種隔離政策に反対した人々が収容された南アフリカ共和国のロベン島など、人類が犯した悲惨な出来事を伝え、悲劇繰り返さないための戒めとなる「負の世界遺産」

があり、多くの観光客が足を運んでいる。

ダークツーリズムはある意味、劇薬であり諸刃の剣といえる。使い方を誤れば、悲劇に見舞われた人々を冒とくすることになるが、歴史に学ぼうとする姿勢をもっていれば、劇的な学習効果を生み出す。本書では小塚原刑場跡の石造物を取り上げた。インターネットで小塚原刑場を検索すると、歴史的な説明とともに、心霊スポットに関する多くの記事が見つかる。心霊スポット巡りのような興味本位のものは論外だが、悲劇の地を訪れ、その地に残る傷跡を自分自身の目や耳で確認することは、歴史を理解するための最善の手段となろう。

ダークツーリズムの対象はさまざまだが、悲劇の直接的な痕跡と、悲劇を後世に伝えるために作られたものや伝承とに分けられる。確かに悲劇の直接的な痕跡は、それを伝えるために作られたものに比べ、迫力の点ではるかに勝っている。しかし原爆ドームや二〇一一年東日本大震災での津波被害を受けた建物を考えればわかる通り、悲劇の直接的な痕跡は、加害者・被害者を問わず当事者にとって深い心の傷に直結するため、保存の是非を巡って意見が真っ二つに分かれることも多い。

本書は、飢饉、地震・火山噴火・津波・大水などの自然災害、事故や疫病などの犠牲者や、遊女・刑死者など悲惨な歴史を伝える石造物に多くの紙幅を割いた。これらの石造物は、それらを建てた人々が意図していたか否かに関係なく、いずれも過去の悲劇を後世に伝える「歴史の証人」と呼べるだろう。語り部と違って自ら過去の悲劇を語ることはないが、こちらが働きかければ、古文書に比べ「口数」こそ少ないものの、「堅い口」を開いてくれよう。本書で扱った飢饉供養塔や津波碑には、犠牲者の供養と子孫への遺戒を兼ねたものが散見される。このような石造物こそ、悲劇から歴史を学ぶダークツーリズムの格好の素材といえるのではなかろうか。

本書が江戸時代の石造物への関心を高め、それらの保存につながることを期待したい。

あとがき

本書の執筆中、突然こどもの頃の記憶が鮮やかに蘇った。私が生まれ育った埼玉県春日部市浜川戸の八幡神社には、「名にし負はば、いざ言問はん都鳥、わが思ふ人は、ありやなしやと」の和歌で知られる在原業平《ありわらのなりひら》と隅田川との伝承を伝えるため、嘉永六年（一八五三）、粕壁《かすかべ》宿名主の関根氏らによって建立された「都鳥の碑」がある。市民向けの歴史散歩か何かでこの石碑のことを知った私は、碑に何が書かれているのか知りたくなった。今なら拓本を採って確認するであろうが、小学生の私にそのようなことができるはずもない。その時である。特に歴史や文学に関心があるわけでもない祖父が、私が習字で使っている和紙を石碑に当て、上からこれまた私のクレヨンを横にして擦り付け、刻まれた文字を目の前で写し取ってくれたのである。こどもの私にはそれがまるで手品のように見えた。思い起こせば、これが石造物との初めての出会いであった。その八幡神社には、私が一歳の時に祖父母や両親に連れられて初山参りをした富士塚がある。高校生の時には、郷土研究部の活動として富士山信仰を調べるなかで、富士塚の上にある石碑を調べて歩いた。

大学に進学してからは、崩し字が苦手だったこともあり、考古学の道に進み、石造物とは疎遠になった。それが再び石造物と関わるようになったのは、本書でも述べた通り、飢饉供養塔に出会ったからである。初めて石碑の正面に大きく彫られた「餓死」の文字を目にした時の衝撃は忘れられない。「都鳥の碑」とも富士塚の石碑とも違う悲しい歴史を物語る石碑に魅せられた。青森県八戸市内で海辺の近くに建つ飢饉供養塔を調べていた際、ふと足元に散らばる白いものが気になった。よく見ると貝殻に交じって、人の頭骨の破片や歯が砂の間から顔をのぞかせているではないか。飢饉供養塔は犠牲者の集団埋葬地の上に建てられることが多いのはわかっていたが、それを目の当たりにした瞬間であった。

飢饉供養塔に続いて取り組んだのは墓石の研究であった。他の石造物に比べ、墓石は文字が少ない上、たいてい戒名と没年月日と決まっているため、膨大な数を大勢の学生と共同調査するのに適していた。墓石の研究成果は、前著『墓石が語る江戸時代』（歴史文化ライブラリー四六四）にまとめたので、ご覧いただきたい。その本で指摘したように、墓石が普及した江戸後期には庶民も墓石を建てるようになったが、それでも墓石を建てられなかった人々がいたことも事実である。本書で取り上げた飢饉、地震・火山噴火・津波・大水などの自然災害、事故や疫病などの犠牲者や、遊女・刑死者は、そうした人々である。

確かに一九九五年の阪神・淡路大震災や二〇一一年の東日本大震災以降、災害史が注目され、津波碑などの災害碑の調査・研究が蓄積されるようになった。しかし近年の災害史研究は地震・津波・火山噴火・洪水などの自然災害に偏り、飢饉・戦乱・疫病などの研究は、さほど進んでいるようには思えない。災害碑がこれまで石仏に偏っていた石造物研究に風穴を開けたのは喜ばしいことだが、飢饉供養塔を調べてきた筆者には今一つ物足りなく思えた。人々が願いを託し寺社に奉納した石造物もまた多様だが、人々の関心を集めているのは、造形的に面白みのある狛犬など一部に限られる。句碑・歌碑などの文学碑や、庚申塔・筆子塚のようなある特定の石造物を取り上げた書籍は存在するが、江戸時代の多様な石造物全体を俯瞰した書籍はこれまで出会ったことがなかった。どこにでもある近世石造物の歴史的価値を多くの人に理解してもらうためには、多様な石造物を取り上げ、それらに込められた祈りと願いのメッセージを読み解く作業を示す必要があると考えた。

「紙に書かれなかった歴史研究」を信条とする私のライフワークで、今や石造物は出土遺物と並ぶ重要な研究対象になっている。文献史学や考古学の長い研究史のなかで古文書や出土品の分析や解釈のルールがある程度定まっているのに対して、石造物については石仏を除けばいまだ試行錯誤が続いている。また石造物の調査・研究はいまだそれぞれの地域で郷土史の枠にとどまっており、全国的な視点に乏しい。

本書で取り上げた石造物のなかには碑文が既に公表されているものもあるが、いざ実物を調べてみると誤字脱字や文意の取り違えといった間違いが驚くほど多く見つかった。古文書の文字は写真で容易に判読でき、複数の人によって内容の検証が繰り返さるため正確性が高い。それに対して石碑の文字を写真から読み解くことは難しい上、屋外に置かれた石造物は日々風化が進行し、昔は判読できた文字が今は読めないことも多いため、過去に誰かが判読したものがあると、それをそのまま引用する傾向が強い。

古典籍に関して、形態・材料・用途・内容・成立・変遷などを科学的・実証的に研究する書誌学があるように、石造物に関しても「石誌学」を確立する必要性を痛感した。

本書の刊行にあたり、吉川弘文館の永田伸氏と若山嘉秀氏にお世話になった。

二〇一九年一一月

積雪なき弘前にて　関根達人

著者紹介

一九六五年、埼玉県に生まれる
一九九一年、東北大学大学院文学研究科博士前期課程修了
現在、弘前大学人文社会科学部教授、博士（文学）

〔主要著書〕

『松前の墓石から見た近世日本』（編、北海道出版企画センター、二〇一二年）
『中近世の蝦夷地と北方交易』（吉川弘文館、二〇一四年）
『モノから見たアイヌ文化史』（吉川弘文館、二〇一六年）
『墓石が語る江戸時代』（吉川弘文館、二〇一八年）

歴史文化ライブラリー
498

石に刻まれた江戸時代
無縁・遊女・北前船

二〇二〇年（令和二）四月一日　第一刷発行

著　者　関《せき》根《ね》達《たつ》人《ひと》
発行者　吉川道郎
発行所　株式会社 吉川弘文館
東京都文京区本郷七丁目二番八号
郵便番号一一三―〇〇三三
電話〇三―三八一三―九一五一〈代表〉
振替口座〇〇一〇〇―五―二四四
http://www.yoshikawa-k.co.jp/
印刷＝株式会社 平文社
製本＝ナショナル製本協同組合
装幀＝清水良洋・宮崎萌美

ISBN978-4-642-05898-8

歴史文化ライブラリー

1996. 10

刊行のことば

現今の日本および国際社会は、さまざまな面で大変動の時代を迎えておりますが、近づきつつある二十一世紀は人類史の到達点として、物質的な繁栄のみならず文化や自然・社会環境を謳歌できる平和な社会でなければなりません。しかしながら高度成長・技術革新にともなう急激な変貌は「自己本位な刹那主義」の風潮を生みだし、先人が築いてきた歴史や文化に学ぶ余裕もなく、いまだ明るい人類の将来が展望できていないようにも見えます。このような状況を踏まえ、よりよい二十一世紀社会を築くために、人類誕生から現在に至る「人類の遺産・教訓」としてのあらゆる分野の歴史と文化を「歴史文化ライブラリー」として刊行することといたしました。

小社は、安政四年（一八五七）の創業以来、一貫して歴史学を中心とした専門出版社として書籍を刊行しつづけてまいりました。その経験を生かし、学問成果にもとづいた本叢書を刊行し社会的要請に応えて行きたいと考えております。

現代は、マスメディアが発達した高度情報化社会といわれますが、私どもはあくまでも活字を主体とした出版こそ、ものの本質を考える基礎と信じ、本叢書をとおして社会に訴えてまいりたいと思います。これから生まれでる一冊一冊が、それぞれの読者を知的冒険の旅へと誘い、希望に満ちた人類の未来を構築する糧となれば幸いです。

吉川弘文館

歴史文化ライブラリー

近世史

細川忠利 ポスト戦国世代の国づくり——稲葉継陽
江戸の政権交代と武家屋敷——岩本 馨
江戸の町奉行——南 和男
江戸御留守居役 近世の外交官——笠谷和比古
大名行列を解剖する 江戸の人材派遣——根岸茂夫
江戸大名の本家と分家——野口朋隆
〈甲賀忍者〉の実像——藤田和敏
江戸の武家名鑑 武鑑と出版競争——藤實久美子
江戸の出版統制 弾圧に翻弄された戯作者たち——佐藤至子
武士という身分 城下町萩の大名家臣団——森下 徹
旗本・御家人の就職事情——山本英貴
武士の奉公 本音と建前 江戸時代の出世と処世術——高野信治
宮中のシェフ、鶴をさばく 江戸時代の朝廷と庖丁道——西村慎太郎
馬と人の江戸時代——兼平賢治
犬と鷹の江戸時代 〈犬公方〉綱吉と〈鷹将軍〉吉宗——根崎光男
紀州藩主 徳川吉宗 明君伝説・宝永地震・隠密御用——藤本清二郎
近世の巨大地震——矢田俊文
江戸時代の孝行者 「孝義録」の世界——菅野則子
死者のはたらきと江戸時代 遺訓・家訓・辞世——深谷克己
近世の百姓世界——白川部達夫
闘いを記憶する百姓たち 江戸時代の裁判学習帳——八鍬友広
江戸の寺社めぐり 鎌倉・江ノ島・お伊勢さん——原 淳一郎
江戸のパスポート 旅の不安はどう解消されたか——柴田 純
〈身売り〉の日本史 人身売買から年季奉公へ——下重 清
江戸の捨て子たち その肖像——沢山美果子
江戸の乳と子ども いのちをつなぐ——沢山美果子
エトロフ島 つくられた国境——菊池勇夫
江戸時代の医師修業 学問・学統・遊学——海原 亮
江戸の流行り病 麻疹騒動はなぜ起こったのか——鈴木則子
江戸幕府の日本地図 国絵図・城絵図・日本図——川村博忠
江戸の地図屋さん 販売競争の舞台裏——俵 元昭
踏絵を踏んだキリシタン——安高啓明
墓石が語る江戸時代 大名・庶民の墓事情——関根達人
石に刻まれた江戸時代 無縁・遊女・北前船——関根達人
近世の仏教 華ひらく思想と文化——末木文美士
江戸時代の遊行聖——圭室文雄
松陰の本棚 幕末志士たちの読書ネットワーク——桐原健真

歴史文化ライブラリー

龍馬暗殺――桐野作人
幕末の世直し 万人の戦争状態――須田 努
幕末の海防戦略 異国船を隔離せよ――上白石 実
幕末の海軍 明治維新への航跡――神谷大介
海辺を行き交うお触れ書き 浦触の語る徳川情報網――水本邦彦
江戸の海外情報ネットワーク――岩下哲典

近・現代史

江戸無血開城 本当の功労者は誰か?――岩下哲典
五稜郭の戦い 蝦夷地の終焉――菊池勇夫
水戸学と明治維新――吉田俊純
大久保利通と明治維新――佐々木 克
刀の明治維新 「帯刀」は武士の特権か?――尾脇秀和
維新政府の密偵たち 御庭番と警察のあいだ――大日方純夫
京都に残った公家たち 華族の近代――刑部芳則
文明開化 失われた風俗――百瀬 響
西南戦争 戦争の大義と動員される民衆――猪飼隆明
大久保利通と東アジア 国家構想と外交戦略――勝田政治
明治の政治家と信仰 クリスチャン民権家の肖像――小川原正道
文明開化と差別――今西 一
大元帥と皇族軍人 明治編――小田部雄次
明治の皇室建築 国家が求めた〈和風〉像――小沢朝江
皇居の近現代史 開かれた皇室像の誕生――河西秀哉
明治神宮の出現――山口輝臣
神都物語 伊勢神宮の近現代史――ジョン・ブリーン
陸軍参謀 川上操六 日清戦争の作戦指導者――大澤博明
日清・日露戦争と写真報道 戦場を駆ける写真師たち――井上祐子
公園の誕生――小野良平
啄木短歌に時代を読む――近藤典彦
鉄道忌避伝説の謎 汽車が来た町、来なかった町――青木栄一
軍隊を誘致せよ 陸海軍と都市形成――松下孝昭
家庭料理の近代――江原絢子
お米と食の近代史――大豆生田 稔
日本酒の近現代史 酒造地の誕生――鈴木芳行
失業と救済の近代史――加瀬和俊
近代日本の就職難物語 「高等遊民」になるけれど――町田祐一
選挙違反の歴史 ウラからみた日本の一〇〇年――季武嘉也
海外観光旅行の誕生――有山輝雄
関東大震災と戒厳令――松尾章一

歴史文化ライブラリー

歴史文化ライブラリー

藤原鎌足、時空をかける 変身と再生の日本史——黒田 智
変貌する清盛 『平家物語』を書きかえる——樋口大祐
空海の文字とことば——岸田知子
日本禅宗の伝説と歴史——中尾良信
殺生と往生のあいだ 中世仏教と民衆生活——苅米一志
浦島太郎の日本史——三舟隆之
〈ものまね〉の歴史 仏教・笑い・芸能——石井公成
戒名のはなし——藤井正雄
墓と葬送のゆくえ——森 謙二
運 慶 その人と芸術——副島弘道
ほとけを造った人びと 止利仏師から運慶・快慶まで——根立研介
祇園祭 祝祭の京都——川嶋將生
洛中洛外図屏風 つくられた〈京都〉を読み解く——小島道裕
化粧の日本史 美意識の移りかわり——山村博美
乱舞の中世 白拍子・乱拍子・猿楽——沖本幸子
神社の本殿 建築にみる神の空間——三浦正幸
古建築を復元する 過去と現在の架け橋——海野 聡
大工道具の文明史 日本・中国・ヨーロッパの建築技術——渡邉 晶
苗字と名前の歴史——坂田 聡
日本人の姓・苗字・名前 人名に刻まれた歴史——大藤 修
大相撲行司の世界——根間弘海
日本料理の歴史——熊倉功夫
日本の味 醤油の歴史——林 玲子・天野雅敏 編
中世の喫茶文化 儀礼の茶から「茶の湯」へ——橋本素子
天皇の音楽史 古代・中世の帝王学——豊永聡美
流行歌の誕生 「カチューシャの唄」とその時代——永嶺重敏
話し言葉の日本史——野村剛史
柳宗悦と民藝の現在——松井 健
遊牧という文化 移動の生活戦略——松井 健
マザーグースと日本人——鷲津名都江
たたら製鉄の歴史——角田徳幸
金属が語る日本史 銭貨・日本刀・鉄炮——齋藤 努
書物と権力 中世文化の政治学——前田雅之
書物に魅せられた英国人 フランク・ホーレーと日本文化——横山 學
災害復興の日本史——安田政彦

民俗学・人類学

日本人の誕生 人類はるかなる旅——埴原和郎
倭人への道 人骨の謎を追って——中橋孝博

歴史文化ライブラリー

大地の古代史 土地の生命力を信じた人びと——三谷芳幸
時間の古代史 霊鬼の夜、秩序の昼——三宅和朗

中世史

列島を翔ける平安武士 九州・京都・東国——野口 実
源氏と坂東武士——野口 実
敗者たちの中世争乱 年号から読み解く——関 幸彦
平氏が語る源平争乱——永井 晋
熊谷直実 中世武士の生き方——高橋 修
中世武士 畠山重忠 秩父平氏の嫡流——清水 亮
頼朝と街道 鎌倉政権の東国支配——木村茂光
大道 鎌倉時代の幹線道路——岡 陽一郎
鎌倉源氏三代記 一門・重臣と源家将軍——永井 晋
鎌倉北条氏の興亡——奥富敬之
三浦一族の中世——高橋秀樹
都市鎌倉の中世史 吾妻鏡の舞台と主役たち——秋山哲雄
弓矢と刀剣 中世合戦の実像——近藤好和
その後の東国武士団 源平合戦以後——関 幸彦
荒ぶるスサノヲ、七変化 〈中世神話〉の世界——斎藤英喜
曽我物語の史実と虚構——坂井孝一
鎌倉浄土教の先駆者 法然——中井真孝
親 鸞——平松令三
親鸞と歎異抄——今井雅晴
畜生・餓鬼・地獄の中世仏教史 因果応報と悪道——生駒哲郎
神や仏に出会う時 中世びとの信仰と絆——大喜直彦
神仏と中世人 宗教をめぐるホンネとタテマエ——衣川 仁
神風の武士像 蒙古合戦の真実——関 幸彦
鎌倉幕府の滅亡——細川重男
足利尊氏と直義 京の夢、鎌倉の夢——峰岸純夫
高 師直 室町新秩序の創造者——亀田俊和
新田一族の中世 「武家の棟梁」への道——田中大喜
皇位継承の中世史 血統をめぐる政治と内乱——佐伯智広
地獄を二度も見た天皇 光厳院——飯倉晴武
東国の南北朝動乱 北畠親房と国人——伊藤喜良
南朝の真実 忠臣という幻想——亀田俊和
中世の巨大地震——矢田俊文
大飢饉、室町社会を襲う!——清水克行
贈答と宴会の中世——盛本昌広
中世の富と権力 寄進する人びと——湯浅治久

歴史文化ライブラリー